INVENTAIRE.
X 21,917

Braud — Premières

Lecture Courantes

LES PREMIÈRES

LECTURES COURANTES

Tout exemplaire non revêtu de la signature ou de la griffe de l'auteur sera réputé contrefait.

Aug. Braud

AUTRES OUVRAGES DU MÊME AUTEUR

Le petit syllabaire des enfants. 1 vol. in-18 jésus. Prix : cart. 25 c.
  Broché.. 20 c.
Nouveau syllabaire ou méthode simple et facile pour apprendre à lire en 24 leçons et 90 exercices, *septième édition.* 1 vol. in-18 jésus, cart. Prix.. 40 c.
20 tableaux in-folio, *reproduisant toute la méthode*.......... 1 fr. 50

Cette méthode se distingue d'une foule de livres de ce genre par la disposition et la suite des leçons. Tout y est gradué de telle sorte que pas un mot ne paraît sans que l'enfant en ait vu les éléments dans les leçons précédentes.

Les premières lectures de manuscrits, composées de *petites histoires, anecdotes, lettres familières, etc.*, à l'usage des enfants. 1 vol. in-18 jésus, cart.. 40 c.
Les premières leçons par cœur pour les enfants de 6 à 9 ans, *avec des notes explicatives sur les mots et sur l'ensemble de chaque pièce de vers* (Extraites de nos bons auteurs).
  Livre de l'élève. 1 vol. in-18, cart., 8ᵉ *édition*................. 70 c.
  Livre du maître. 1 vol. in-18, cart., 3ᵉ *édition*................. 90 c.
Les secondes leçons par cœur pour les enfants de 9 à 12 ans, *avec notes explicatives et éclaircissements.* 1 vol. in-18, cart. 2ᵉ *édition.*
                                                                      90 c.
Les premières leçons de grammaire française. *Petit cours méthodique et pratique avec exercices à la suite de chaque règle.*
  Livre de l'élève. 1 vol. in-12, cart., 5ᵉ *édition*................. 75 c.
  Livre du maître. 1 vol. in-12, cart., 4ᵉ *édition*................. 1 fr. 20

Cette grammaire peut être considérée comme la dernière expression de la simplicité *théorique et pratique.*

CORBEIL. — Typ. et stér. de J. CRÉTÉ.

LES PREMIÈRES
LECTURES COURANTES

A L'USAGE

DES ENFANTS DE 6 A 8 ANS

PAR

M. Aug. BRAUD

ANCIEN PROFESSEUR

Membre de la *Société pour l'Instruction élémentaire*
et de l'*Association des membres de l'Enseignement*, à Paris.

PARIS

CH. DELAGRAVE ET CIE, LIBRAIRES-ÉDITEURS

RUE DES ÉCOLES, 58

1870

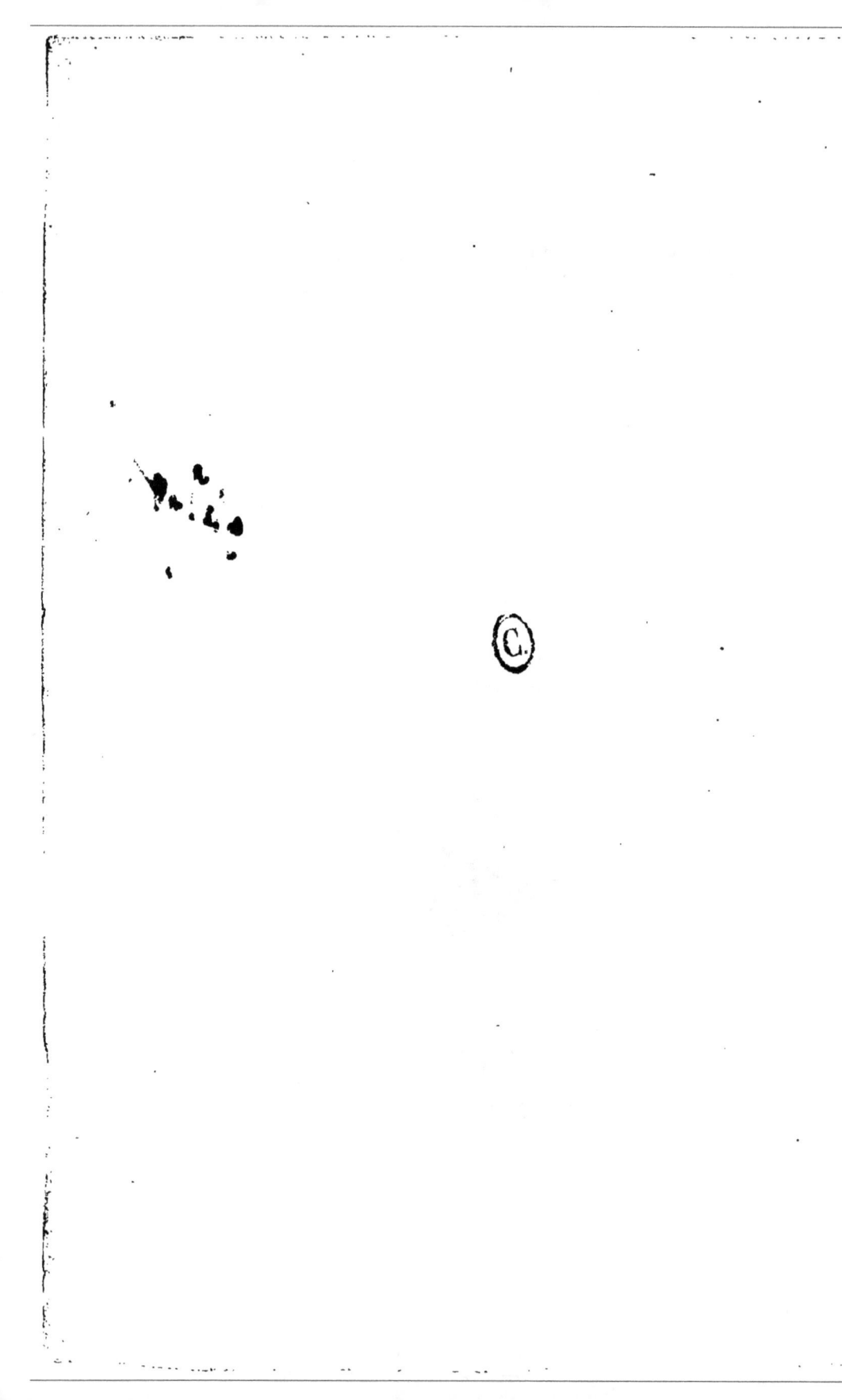

AVERTISSEMENT

Ces *Premières lectures courantes* ont été empruntées à des souvenirs de famille, et n'ont de mérite, pour la plupart, que la réalité de faits et d'exercices qui se sont produits au début d'une éducation domestique.

Les enfants accomplissent les premiers actes de la vie au sein de la famille. C'est là qu'ils reçoivent les premières impressions, que naissent leurs premières idées et que leurs premières réflexions se font à l'aspect des objets qui les environnent. Mais il arrive encore trop souvent que ceux qui dirigent cette première éducation se bornent à désigner les choses par leurs noms, sans en expliquer la raison d'être ou l'utilité pratique. Il semble que l'habitude de voir ces choses et la multitude des faits qui se passent chaque jours sous les yeux des enfants doivent dispenser d'y fixer leur attention.

Mais il n'en doit pas être ainsi. L'esprit et le cœur des enfants sont comme les plantes, qui exigent une bonne culture pour être en état de produire les fruits qu'on en attend.

« On n'exerce pas assez la raison des enfants, dit Rollin; on « les accoutume trop à croire sur parole. »

Nous avons tâché d'approprier ce petit livre aux exercices intellectuels que conseille cet excellent maître. Nous serions heureux d'obtenir, à quelques égards du moins, l'assentiment des personnes qui s'occupent consciencieusement de l'éducation morale et physique des enfants.

LES PREMIÈRES
LECTURES COURANTES

Le bon Théodore.

— Viens près de moi, mon cher Théodore, pour lire ta leçon.

On m'a dit que tu veux apprendre à lire, à écrire et à compter. Est-ce bien vrai ?

— Oh ! oui, je le veux. Maman m'a raconté de jolies petites histoires ;

Et elle m'a dit que, si j'apprenais vite à lire, je pourrais lire ces histoires tout seul dans un livre.

Je serai bien content de lire tout seul des histoires dans un livre, et de les raconter à mon tour.

— C'est très-bien, mon ami. Et ensuite ?

— Ensuite, j'apprendrai à écrire et à compter, pour faire comme mon papa.

Et puis, j'ai une petite sœur, toute petite. Elle ne parle pas encore ; mais, quand elle sera plus grande, je lui raconterai des histoires, moi aussi.

Elle sera bien contente. Elle voudra apprendre à lire, et c'est moi qui la ferai lire.

Le soir, elle racontera une histoire à papa, et moi j'en raconterai une à maman.

— Tu es bien gentil, mon bon Théodore, et je suis enchanté de ta résolution.

Pour apprendre promptement, vois-tu, il faut lire sa leçon trois fois, quatre fois, cinq fois, chaque jour.

Allons, mon enfant, lis cette page, et fais bien attention! Ne va pas trop vite.

Lucile.

Lucile est une petite fille bien sage. Elle ne pleure jamais ; elle est toujours contente.

Elle aime beaucoup sa bonne mère : elle ne veut pas pleurer dans la crainte de lui faire de la peine.

Le matin, elle se lève avec plaisir ; elle s'habille presque toute seule devant sa maman.

Elle se lave la figure et les mains, qu'elle essuie avec un linge. Elle est propre et gentille.

Elle va embrasser son papa et sa maman ; puis elle se met à genoux et prie le bon Dieu de lui conserver son bon père et sa bonne mère.

Elle est très-obéissante, et elle fait tout de suite ce que sa maman lui commande.

Un jour que l'heure de sa leçon était venue, elle dit : Bonne mère, si tu veux, je vais lire ma leçon.

— Oui, ma fille chérie. Laisse-moi d'abord faire ton lit et ranger les choses, comme tu le feras toi-même, quand tu seras un peu plus grande.

Tiens, porte ceci dans l'armoire.

Maintenant, je suis à toi. Commençons la lecture.

Et la bonne petite Lucile lit avec beaucoup d'attention, et bientôt elle saura lire toute seule.

Tout le monde aime Lucile, parce qu'elle est sage, obéissante et bien aimable pour son père et sa mère.

Paul et Sophie.

Le petit Paul et sa petite sœur Sophie étaient deux enfants bien gentils, bien aimables.

On ne les voyait jamais se quereller ni pleurer.

Ils étaient gais et contents, parce qu'ils étaient sages, et qu'ils ne se mettaient pas dans le cas de se faire gronder.

Quand la maman les appelait pour prendre la leçon de lecture, ils accouraient, et chacun voulait arriver le premier pour commencer la leçon.

Aussi, dès que la leçon était finie, la maman leur disait : Puisque vous avez lu avec plaisir et avec attention, allez vous amuser, mes bons enfants.

Et les voilà partis tout joyeux, riant, sautant, courant partout où ils pouvaient s'amuser.

C'était un vrai bonheur pour la mère de voir ainsi grandir ses enfants, pleins de santé et de gaieté, et toujours prêts à lui obéir.

Un enfant n'est jamais plus heureux que lorsqu'il sait remplir ses petits devoirs.

Le père et la mère travaillent. Il faut que les enfants prennent aussi l'habitude du travail.

On leur demande si peu de chose ! On leur laisse tant de temps pour s'amuser !

Les enfants qui ne savent pas s'occuper utilement ne savent pas non plus s'amuser, et ils finissent par tomber malades.

La fête de la mère.

Un jour, le père de Paul et de Sophie leur dit :

Mes enfants, c'est aujourd'hui la fête de votre bonne mère.

Il faut lui faire une agréable surprise.

— Oh ! oui, dit Sophie. Oui, oui, dit aussi Paul.

Bon père, tu nous permettras d'aller cueillir un bouquet dans le jardin, n'est-ce pas ?

— Oui, mes amis ; vous choisirez vous-mêmes.

— Mais, papa, tu n'en diras rien à maman.

— Non, mes enfants : je veux vous laisser le plaisir de de la surprendre agréablement.

Elle sera si contente d'avoir de nouvelles marques de votre tendresse le jour de sa fête !

— Moi, dit Sophie, je ferai un bouquet de roses.

— Et moi, dit Paul, un bouquet de violettes.

— Un camarade a dit à Paul qu'on lui fait apprendre un compliment par cœur pour la fête de son père et pour celle de sa maman.

— Mes enfants, je ne vous ferai point apprendre de compliment.

Le meilleur pour votre bonne mère, c'est de lui dire ce que vous sentez pour elle.

— Mais que faudra-t-il dire pour commencer ?

— Vous devrez bien réfléchir d'abord.

Je vous ai dit, mes enfants, de bien réfléchir.

Il faut songer à tout ce que votre mère a fait pour vous deux, chaque jour, depuis votre naissance.

Elle vous a nourris de son lait quand vous étiez tout petits et au berceau.

Elle chantait près de vous pour vous endormir et veiller sur vous, comme les oiseaux chantent à côté du nid de leurs petits.

Puis elle vous a donné des vêtements ; elle vous a souvent nettoyés de la tête aux pieds ; elle n'a pas cessé un jour de pourvoir aux besoins de votre enfance.

Sans les soins constants d'une mère, les petits bébés mourraient bien vite.

A l'âge où vous êtes, c'est encore votre bonne mère qui vous fait apprendre à lire.

Il faut que les enfants apprennent à lire, à écrire et à compter, pour devenir, plus tard, des hommes et des femmes capables de comprendre leurs devoirs, leurs obligations, et de les remplir à leur tour, comme font les papas et les mamans, qui ont été aussi des enfants.

Paul et Sophie écoutaient tout pensifs leur père. On voyait qu'ils réfléchissaient à ce qu'il disait.

Enfin, l'heure du dîner étant venue, tout le monde se mit à table, le père, la mère et les deux enfants.

Paul et Sophie avaient eu soin de bien renfermer leurs bouquets dans une armoire.

Après le dîner, et sur un signe du papa, les enfants sortirent de table et allèrent prendre leurs bouquets.

Bientôt ils revinrent ensemble près de leur mère.

Chère maman, dit Paul, je t'offre cette fleur pour ta fête, et je te remercie bien de tous tes soins, de toutes tes bontés, de toute ton affection pour moi et pour ma sœur.

Bonne mère, dit Sophie, moi aussi je t'apporte ce bouquet de roses pour ta fête. Tu es si bonne pour moi et pour mon frère ! Je t'aime beaucoup, beaucoup, et je veux t'embrasser de tout mon cœur.

La mère attendrie pressa longtemps ses enfants chéris sur son cœur, et les couvrit de caresses et de baisers, tant elle se sentait heureuse de leur amour.

Et le papa aussi embrassa la maman et ses chers petits enfants.

Et tous les quatre étaient remplis de joie à la fête d'une bonne mère.

Ce ne fut pas tout encore.

Le père, charmé des bons sentiments de Paul et de Sophie, leur avait aussi préparé une surprise.

On sortit de table et l'on passa dans la chambre voisine.

Le papa et la maman marchaient devant ; Paul et Sophie les suivaient.

Bientôt le papa et la maman s'écartèrent l'un de l'autre, et les enfants passèrent entre eux deux.

Ils se trouvèrent aussitôt en face d'une jolie petite table, sur laquelle on voyait une belle galette, des raisins secs et divers bonbons.

Et les enfants ébahis regardaient tantôt leur père, tantôt leur mère, tant ils étaient surpris.

— Mes bons enfants, dit le père, je suis très-content de vous. Vous aimez bien papa et maman ; vous faites vos petits devoirs avec bonne volonté ; vous êtes dociles et obéissants. J'ai voulu que cette fête de votre bonne mère fût aussi une fête pour nos enfants chéris.

Jugez quelle fut la joie de Paul et de Sophie !

Le papa avait pris soin de planter au milieu de la galette une rose du bouquet de Sophie, et, dans la rose, une violette de celui de Paul.

La maman distribua la galette et les bonbons ; mais, selon le désir de Paul, elle traça un cercle autour de la rose, et le morceau rond qui la soutenait fut mis en réserve pour la maman, qui le serra dans son armoire comme un gage de l'amour de ses enfants.

Cette petite fête remplit tous les cœurs d'une nouvelle tendresse.

Les enfants promirent de continuer à être sages et gentils. Le père et la mère, comptant sur leur promesse, dirent que, dans ce cas, ils seraient toujours bons pour leurs enfants bien-aimés.

On décida ensuite qu'on ferait une pareille fête à l'anniversaire de chaque membre de la famille, c'est-à-dire chaque fois que le papa, la maman, Paul et Sophie auraient un an de plus.

Paul et Sophie sautèrent de joie à cette décision. Quatre fêtes par an !

On s'embrassa bien encore, on se souhaita une bonne nuit, et l'on alla se coucher, chacun se sentant heureux de cette bonne journée.

Les bons petits enfants.

Un jour, quatre petits enfants s'étaient réunis dans une cour pour s'amuser ensemble.

Il y avait Charles, Jules, Louis et Paul. Ils venaient de déjeuner.

Charles dit : Maman m'a donné une tartine de beurre. Et toi, Jules, qu'as-tu mangé ?

— J'ai mangé du pain et du fromage.

— Et toi, Louis ? — Moi, du pain et une poire.

— Et toi, Paul ? — Moi, du pain et des groseilles.

Pendant que les enfants causaient ainsi, un autre enfant, de leur âge, entra dans la cour.

Charles, qui était en train de questionner, dit aussi à cet enfant : Et toi, qu'as-tu mangé à ton déjeuner ?

— Je n'ai encore rien mangé, moi. Mon père n'a plus de travail, et ma mère est malade.

Ces bons enfants, tout tristes de voir aussi malheureux un enfant de leur âge, se regardèrent, se parlèrent tout bas, puis s'envolèrent comme des oiseaux, et chacun alla raconter à sa mère ce qui se passait.

Ils revinrent bientôt tous les quatre, ayant chacun un gros morceau de pain, du beurre, de la viande, du fromage et des fruits, et donnèrent ces provisions au pauvre enfant, qui se hâta de les porter à son père et à sa mère.

Et Charles y ajouta une bonne tartine de beurre qu'il lui dit de manger en s'en allant.

Et les quatre camarades, contents et heureux de leur bonne action, reprirent leurs jeux avec un nouveau et grand plaisir.

La politesse.

Armand et Louise sont deux enfants charmants: ils sont polis envers tout le monde.

Un jour, une voisine vint pour voir leur mère.

— Bonjour, mes enfants. Votre maman est-elle ici? Je voudrais lui parler.

— Non, Madame, dit Louise; mais, si vous voulez bien vous asseoir, elle ne tardera pas à rentrer.

Et Armand courut prendre une chaise pour l'offrir à la visiteuse.

— Vous êtes bien aimable, mon ami. Vous êtes si gracieux l'un et l'autre, que j'accepte votre politesse.

Mais je vous dérange de vos devoirs.

— Cela ne fait rien, Madame, dit Armand. Quand maman sera revenue et qu'elle vous fera compagnie, nous reprendrons notre petit travail.

Dès que la mère fut rentrée, la voisine lui dit :

— Que vous êtes heureuse d'avoir deux enfants aussi gentils par leur politesse et leur bonne tenue.

— Mes enfants, dit la mère, doivent être bien flattés de la bonne opinion que vous avez d'eux.

Je me trouve heureuse en effet de les voir honnêtes et polis envers tout le monde.

Et eux-mêmes commencent à comprendre les avantages d'une bonne éducation.

Les agréments du corps finissent par disparaître ; mais les grâces de la politesse ne s'effacent jamais.

Les personnes.

Dans la multitude des êtres et des objets que nous voyons ou que nous pouvons voir, on distingue les *personnes*, les *animaux* et les *choses*.

La *personne* s'entend de l'homme et de la femme. C'est l'être le plus parfait, parce que seul il a le don de la parole.

Une personne parle ; elle exprime sa pensée par la parole, par des signes, par l'écriture.

Un animal crie, fait des gestes, mais il ne parle pas.

Un arbre, une plante ne dit rien et ne bouge pas de place.

On désigne les personnes par différents noms.

Ainsi il y a le père, la mère, ou le papa, la maman ; le grand-père, la grand'mère, ou le grand-papa, la grand'-maman.

Il y a un enfant, des enfants, un fils, un garçon, une fille, des fils, des filles, des garçons.

Le frère, la sœur, un oncle, une tante; un cousin, une cousine, un neveu, une nièce, un parent, des parents, etc., sont aussi des personnes.

Il y a des personnes que l'on désigne par le nom de leur profession, de leur métier, de leur état, comme un marchand, une marchande, un laboureur, un forgeron, un serrurier, un ouvrier, une ouvrière, un serviteur, une servante, un domestique, une domestique, un médecin, un instituteur, une institutrice, un professeur, un général, un capitaine, un caporal, un soldat et un grand nombre d'autres.

Les prénoms ou noms de baptême.

Les fils et les filles ont le même nom que le père : c'est ce qu'on appelle le nom de famille.

Si un père s'appelle *Durand*, par exemple, la mère et les enfants s'appellent aussi *Durand*.

Mais, quand la mère veut faire venir près d'elle un de ses enfants ou lui commander quelque chose, devra-t-elle dire : Viens me parler, Durand ; fais cela, Durand ?

Lequel des enfants obéira à la mère ?

Sera-ce le fils le plus grand, le plus petit ? la plus jeune sœur ou la plus grande ?

Chacun se demandera si c'est bien à lui que la maman s'adresse, et il ne saura que faire.

Pour éviter cet inconvénient, on a imaginé de donner un nom particulier à chaque enfant dès qu'il est au berceau.

C'est ce qu'on appelle le nom de baptême, parce qu'il est donné à l'enfant le jour qu'on le fait baptiser.

On l'appelle aussi *prénom*, parce qu'on le prononce avant le nom de famille.

Ainsi l'on dit, par exemple : Charles Durand, Jules Durand, Marie Durand, Sophie Durand.

Alors il n'y a plus d'embarras ; on ne peut plus se tromper.

Quand monsieur Durand dit : Charles, viens me parler ; Marie, apporte-moi ton livre ; chacun, se reconnaissant à son prénom, qu'on appelle également *petit nom*, obéit sans hésiter. N'est-ce pas vrai ?

Voici quelques-uns des prénoms ou petits noms que l'on donne aux garçons :

Adrien, Albert, Alfred, Alphonse, Amédée, André, Auguste, Augustin, Benjamin, Charles, Denis, Edmond, Édouard, Émile, Ernest, Eugène, Félix, Frédéric ;

Gabriel, Georges, Gustave, Henri, Jean, Joseph, Jules, Julien, Léon, Léopold, Louis, Lucien, Maurice, Paul, Pierre, Prosper, Théodore, Théophile, Victor.

Voici également quelques-uns des prénoms que l'on donne aux petites filles :

Adèle, Albertine, Augustine, Élisa, Élisabeth, Élise, Émilie, Ernestine, Eugénie, Félicie, Henriette ;

Julie, Juliette, Léontine, Louise, Lucie, Lucile, Mar-

guerite, *Marie, Noémi, Pauline, Sophie, Ursule, Victorine.*

Les animaux.

Après les *personnes*, les êtres qui sont animés, c'est-à-dire qui peuvent se remuer et changer de place par eux-mêmes, sont appelés des *animaux.*

Il y a des animaux qui ne vivent que sur la terre, tels que le bœuf, la vache, le cheval, l'âne, la brebis, le chien, le chat, etc.

Ces animaux n'ont que des pieds pour marcher et se porter d'un lieu à un autre.

Il y a des animaux qui, outre leurs pieds ou pattes, ont des ailes pour s'élever et s'envoler dans les airs : ce sont les oiseaux, tels que l'alouette, l'hirondelle, le moineau, le merle, le pinson, le rossignol, le serin, etc., et les insectes ailés, tels que l'abeille, la mouche, le papillon, le hanneton, etc.

Ces êtres, ces animaux sont si petits et si faibles, qu'ils ont été créés avec des ailes pour échapper à la main qui voudrait les prendre, et au pied qui pourrait les écraser.

Quelques animaux vivent en partie sur la terre et en partie dans l'eau ; on les nomme pour cela *amphibies*, tels que le castor, le crocodile, la grenouille, la loutre, le phoque, etc. Dès qu'ils aperçoivent un ennemi, ils se jettent à l'eau pour lui échapper.

Enfin, il y a des animaux qui ne vivent et ne peuvent vivre que dans l'eau des mers, des fleuves et des rivières :

ce sont les poissons, tels que l'anguille, le hareng, la morue, la raie, la sardine, le saumon, la sole, la truite, le turbot, etc.

Ces animaux n'ont ni pieds ni ailes pour se mouvoir, et ils n'en ont pas besoin, puisqu'ils ne pourraient ni marcher ni voler; mais ils ont, de chaque côté du corps, des membres plats et minces appelés *nageoires*.

Les poissons tournent leurs nageoires, qui sont un peu comme des ailes, de manière à faire résistance à l'eau, et c'est ainsi qu'ils avancent si rapidement dans leurs courses.

Ils se servent donc de leurs nageoires, comme les oiseaux se servent de leurs ailes.

Les animaux domestiques.

Les animaux *domestiques* sont ceux qui vivent dans la maison ou près de la maison.

L'homme les a apprivoisés et rendus familiers par des soins attentifs.

Ces animaux partagent les travaux de l'homme. Il tire même de plusieurs d'entre eux ses vêtements et une partie de sa nourriture.

Parmi ces animaux utiles, il faut citer : le *bœuf*, qui sert au labourage et au transport des produits de l'agriculture ;

Le *cheval*, qui sert aussi au transport des marchandises, de même qu'il emporte son maître sur son dos dans une longue course, ou qu'il l'entraîne au loin à l'aide d'une voiture ;

L'*âne* et le *mulet*, qui transportent aussi des fardeaux ;

La *vache*, qui nous donne son lait en abondance : aussi le lait que nous ne buvons pas est-il employé à faire du beurre et du fromage ;

La *chèvre*, dont le lait produit aussi d'excellent fromage ;

L'*ânesse*, qui fournit également un très-bon lait, que les médecins recommandent de faire boire aux jeunes garçons et aux jeunes filles d'un tempérament délicat et faible ;

Le *mouton* et la *brebis*, dont la laine sert à faire diverses étoffes et du drap pour nos vêtements ;

Le *porc* et la *truie*, qu'on engraisse pour servir à notre nourriture ;

Le *lapin*, dont le poil est employé dans la fabrication des chapeaux de feutre. — Et bien d'autres que vous connaîtrez plus tard.

———

Au nombre des animaux domestiques, il ne faut pas oublier le *chien*, l'ami le plus sûr et le plus fidèle de l'homme.

Il aime à suivre son maître partout.

A la maison, c'est le gardien le plus vigilant, qui ne manque pas d'aboyer, quand un étranger se présente.

Le chien du berger aide à conduire le troupeau. On le voit aller et venir sans cesse pour ramener une brebis qui se trouve éloignée des autres ; et, sur un signe ou un mot de son maître, il court à la recherche de celle qui s'est égarée.

Le chien de chasse est vif, léger, plein de feu et d'ardeur dans la guerre que le chasseur fait aux lapins, aux lièvres, aux chevreuils, aux perdrix, aux cailles, etc.

Il y a le chien du pauvre aveugle, qui le guide avec toutes sortes de soins et d'attentions dans sa marche, au moyen d'un cordon attaché à son collier et tenu par son maître.

On le voit souvent, avec une sébile à la gueule, s'approcher des passants pour leur demander la charité par son tendre regard. Quelquefois de bons petits enfants aiment à lui donner un sou, deux sous ; et le bon chien tout joyeux revient les faire prendre au pauvre aveugle.

Il y a, en Amérique, le grand et beau chien dit de *Terre-Neuve*, à poils soyeux, qui est très-habile à nager, et qui ne manque jamais de se jeter à l'eau pour sauver l'homme en danger de se noyer.

On distingue aussi le chien des montagnes, qui est d'une espèce particulière et d'un instinct admirable.

Aux monts appelés le grand et le petit *Saint-Bernard*, dans les Alpes, est un couvent hospitalier destiné à recevoir les voyageurs qui traversent ces montagnes, presque toujours couvertes de neige.

Ce bon chien accompagne les religieux du couvent qui vont à la recherche des voyageurs égarés, et il découvre bientôt ceux qui sont ensevelis sous les neiges et en danger de périr.

Il y a encore, dans les villes surtout, plusieurs espèces de petits chiens qui restent le plus souvent à la maison, vivent de compagnie avec les chats, en partageant avec eux les soins et les caresses de leurs maîtres.

Le *chat*, lui, fait la guerre aux rats et aux souris de la maison.

Regardez un chat faire sa toilette, le matin, et apprenez à vous bien nettoyer, à vous tenir propres comme lui.

Il passe sa langue sur une patte, et, avec cette patte, il se nettoie les yeux, les oreilles et la face.

Puis il passe et repasse sa langue tout le long de ses pattes et sur tout son corps. Aussi est-il toujours propre.

Les animaux domestiques qui viennent d'être cités ont le corps couvert de poil ou de laine.

Comme ils ont quatre pieds, on les appelle *quadrupèdes* (prononcez *couadrupèdes*).

Il y en a dont le corps est couvert de plumes, comme les oiseaux. Ils n'ont que deux pattes ou pieds, et pour cela on les appelle *bipèdes*.

Tels sont l'*oie*, la *dinde*, la *cane*, le *canard*, la *poule*, le *coq*, le *pigeon*, la *colombe*, etc.

Il y a enfin un grand nombre de petits oiseaux qu'on apprivoise et qu'on retient dans des cages ou dans des volières.

Ces pauvres petits oiseaux sont prisonniers, et c'est bien dommage. Donnez-leur donc la liberté, si vous le pouvez.

Sans doute, par leur chant et leur doux ramage, ils font l'agrément des gens de la maison ; mais il y a quelque cruauté à les priver de leur liberté.

Gardez-vous bien de tuer les oiseaux et de détruire leurs nids ! Que diriez-vous, si vous appreniez qu'un tout jeune enfant a été enlevé avec son berceau, à l'insu de sa pauvre mère ?

Les oiseaux rendent de grands services à l'agriculture : ils mangent les graines des mauvaises herbes des champs ; ils détruisent les chenilles et une multitude d'insectes qui sont extrêmement nuisibles aux productions de la terre.

Les animaux sauvages.

On appelle animaux *sauvage*, ceux que l'homme n'a pas encore pu apprivoiser, et qui vivent loin des habitations.

Tels sont, pour nous, en France, l'*éléphant*, le *lion*, la *panthère*, le *tigre*, le *rhinocéros*, le *léopard*, la *hyène*, le *chacal*, l'*ours*, le *chameau*, le *dromadaire*, le *buffle*, le *singe*, la *gazelle*, la *girafe*, le *loup*, le *renard*, le *cerf*, la *biche*, le *daim*, le *chevreuil*, le *sanglier*, le *lièvre*, le *lapin de garenne*, et beaucoup d'autres encore.

Quelques-uns de ces animaux, qui sont sauvages pour nous, peuvent cependant être apprivoisés, surtout dans les pays où ils naissent, tels que l'*éléphant*, le *chameau*, le *dromadaire*, etc.

L'éléphant est le plus grand et le plus fort des animaux terrestres. Il est doux, docile, plein d'intelligence et d'adresse. Il est si gros et si lourd qu'il dort tout debout, parce que, s'il se couchait, il ne pourrait plus se relever. Il s'agenouille seulement.

Il est d'une force prodigieuse. Autrefois, on l'employait dans la guerre, où on le voyait chargé d'une tour avec plusieurs cavaliers tout armés.

Le *chameau*, qui a deux grosses bosses sur le dos, et le *dromadaire*, qui en a une, sont également apprivoisés dans leur pays. On les emploie à porter de lourds fardeaux avec leurs cavaliers.

Le *buffle*, qui se trouve en Asie et en Afrique, à l'état sauvage, est une espèce de gros bœuf; il a pu être élevé à l'état domestique en Italie.

Quelques animaux sauvages, tels que le *lion*, la *panthère*, le *tigre*, le *léopard*, la *hyène*, etc., sont si méchants et si dangereux pour l'homme, surtout quand la faim les presse, que nous ne les voyons en France que renfermés dans de grandes cages garnies de barreaux de fer.

Le *singe*, à l'état sauvage, est aussi un animal méchant.

Il y a plusieurs espèces de singes. Certains singes sont plus gros et bien plus forts que des hommes.

Parmi les petits singes, il en est que l'on apprivoise et que beaucoup d'enfants connaissent.

Le singe est très-adroit, très-imitateur. Il cherche à faire ce qu'il voit faire à l'homme.

On dit d'un enfant qui exécute adroitement une chose, *qu'il est adroit comme un singe.*

Le singe est vif et agit promptement, aussi se trompe-t-il assez souvent. Voici ce que j'ai vu :

Un jour, un de mes amis, qui avait un singe presque toujours avec lui, faisait son déjeuner d'une tasse de lait sucré. Il avait, à côté de sa tasse, plusieurs morceaux de pain d'une certaine longueur qu'il trempait dans le lait.

A peine en avait-il mangé deux, qu'il fut appelé par quelqu'un, et il passa dans une autre chambre.

Notre singe, qui avait bien regardé faire son maître, saute sur la chaise, s'assied sur son derrière, met ses deux pattes ou mains sur la table et va déjeuner à son tour.

Il prend un morceau de pain, le trempe dans la tasse de lait, et le retire ; mais, au lieu de manger le bout trempé, il porte la dent sur l'autre bout. Il trempe de nouveau le morceau, comme son maître ; il le retire, et ne mange encore que du pain sec. Il en était là de son repas, lorsque son maître rentra, et rit beaucoup, avec moi, de l'espiéglerie de son singe.

Les choses qu'on trouve dans un jardin.

Voyons, mon cher Louis, dis-moi ce que tu as vu dans le jardin.

— Mon papa, j'ai vu un pommier, un prunier, un

poirier, un amandier, un figuier, un abricotier, un pêcher, une treille ; puis des fraisiers, des framboisiers.

Maman nous permet quelquefois, à Pauline et à moi, de cueillir des prunes, des poires, des pommes, des amandes, des figues, des abricots, des pêches, des raisins, des fraises, des framboises, mais seulement quand ces fruits sont mûrs.

— Ta maman fait bien, mon ami, de vous empêcher de cueillir les fruits avant qu'ils soient mûrs.

Les fruits encore verts font mal à l'estomac, puis ils engendrent dans le corps de petites bêtes qu'on appelle des vers, et qui, par leurs piqûres, font jeter les hauts cris aux petits enfants.

Est-ce que tu peux cueillir toi-même les pommes, les poires, les prunes, les figues, les amandes ?

— Oh ! non, bon père, je suis trop petit, et maman m'a défendu de monter dans les arbres ; mais, quand elle est avec nous, je monte dans l'échelle double, et je cueille les fruits que je puis atteindre avec la main.

Et je puis en cueillir aussi sur ceux qui s'étendent le long des murs, en forme d'éventail : c'est ce que tu appelles, je crois, un espalier. J'y prends, à la saison, un abricot, une pêche, un raisin.

Pour les fraises, on n'a pas besoin de monter pour les cueillir ; au contraire, il faut se baisser, et on les trouve le long des plates-bandes, au bord des allées.

Quant aux groseilles et aux framboises, je suis assez haut pour les prendre avec la main.

— Et toi, ma bonne petite Pauline, qu'as-tu à me dire du jardin?

— Moi, mon papa, je me rappelle les noms des plantes qui donnent des fleurs.

Je connais la rose, l'œillet, la giroflée, le jasmin, le muguet, l'anémone, l'héliotrope, l'hyacinthe ou jacinthe, le chèvrefeuille, le lilas, le myrte, l'hortensia, le dahlia, le réséda, le seringat, le lis, la tulipe, la pivoine, la primevère, la renoncule, la marguerite, la pensée, la violette, et peut-être quelques autres encore.

— Mais, mes chers enfants, vous ne citez que les choses que vous aimez le plus à manger ou à voir. Il faut me nommer également des choses tout aussi utiles et dont nous faisons usage à nos repas ordinaires.

— Ah! oui, mon papa; ce sont les légumes et autres plantes potagères que l'on trouve dans ton grand jardin, là-bas. Il y a les pommes de terre, les haricots, les petits pois, les fèves, les asperges, les salsifis, les artichauts, les choux, les carottes, les navets, les oignons, les échalotes, l'ail, la poirée, les poireaux ou porreaux, les épinards, les radis, les raves, l'oseille, le persil, le cerfeuil, le thym, la chicorée, la mâche, l'escarole, la laitue, et sans doute d'autres que je ne me rappelle pas.

On trouve aussi, pour faire de la salade, du cresson dans le ruisseau qui conduit l'eau au vivier; et dans ce vivier on voit une multitude de poissons qui ont été pêchés à la rivière, et que tu tiens dans ce réservoir d'eau pour les reprendre plus facilement, quand on en veut manger.

— Dis-moi, Louis, ce que c'est qu'un *verger*.

— C'est un grand, grand jardin, entouré de murs, et où il n'y a que des arbres fruitiers, tels que *pommiers, poiriers, pruniers, cerisiers, pêchers*, etc. Ces arbres viennent en plein vent, c'est-à-dire au grand air et à la bonne chaleur du soleil.

Les choses qu'on trouve dans une chambre.

Un jour, une maman dit à son fils Georges et à sa fille Émilie : En attendant l'arrivée de votre bon père, voulez-vous vous amuser à nommer les objets qui sont dans cette chambre ? Qui veut commencer ?

— Moi, maman, dit Georges.

— Eh bien, dis-nous les choses que tu vois ici.

— Je vois, sous nos pieds, le plancher, et, au-dessus de nous, un autre plancher qu'on appelle le plafond ; ensuite, les quatre murs de la chambre, les portes, les fenêtres, la cheminée, le foyer, le lit, l'armoire, la table, les chaises....

— Ah ! maman, interrompit Émilie, voilà que Georges dit tout, et il ne me laissera rien à nommer.

— Sois tranquille, ma chère fille : il y a ici bien plus de choses que toi et ton frère n'en pourrez citer. Cependant, je te laisse libre de parler à présent même.

— Moi, dit Émilie, qui venait d'ouvrir l'armoire, je vois ici des draps de lit, des nappes, des serviettes, des gilets de flanelle, des mouchoirs, des bas, des chaussettes.

Sans ouvrir les tiroirs de la commode, je sais qu'il y a encore des mouchoirs, des chemises, des bas pour Georges et pour moi.

Dans un autre tiroir, il y a ma poupée et sa toilette, des bonnets, des fichus, des cravates, des robes et des jupons pour moi.

Enfin, dans le tiroir d'en bas, on voit du fil, du coton filé, de la soie filée, des aiguilles, des épingles, des ciseaux et un dé, une pelote à aiguilles, une pelote à épingles, des morceaux de toile pour apprendre à marquer ; tout cela pour la couture.

A mon tour, dit Georges. Si nous allions ouvrir la grande armoire ou placard, qui est dans l'autre chambre, je vous montrerais des porte-manteaux, où sont suspendus des pantalons, des gilets, des manteaux, des robes, des jupons....

Et, dans l'encoignure, des chapeaux, des souliers, des bottes, des bottines, des pantoufles, et ma balle, mes quilles, ma boule, ton cerceau et le mien.

Sans aller dans la salle à manger, je sais qu'on y trouve des plats, des assiettes, des cuillers, des fourchettes, des couteaux, des salières, des verres, des huiliers, des carafes, des sucriers et du sucre, des tasses, du pain, du vin, du sel, du poivre, de la moutarde, de l'huile, du vinaigre...

Et moi, dit Émilie en riant, sans aller dans la cuisine, j'y vois d'ici : la marmite, des pots, des bols, des casseroles, des bouilloires, des bouillottes, la cafetière, la théière, et aussi des plats et des assiettes.

Puis le fourneau, le gril, le bois, le charbon, la braise, la cendre, le pot à l'eau, la cruche, la poêle, le beurrier, le saucier, et bien d'autres choses que je nommerais, si je les avais sous les yeux.

C'est très-bien, mes enfants, dit la maman; mais vous n'avez pas dit tout ce qu'il y a dans cette chambre.

— C'est vrai, dit Georges. Je vois là-bas la table sur laquelle nous faisons nos devoirs, et où se trouvent des plumes, des porte-plumes, des cahiers de papier, un encrier, une règle, un crayon, puis mon petit livre, qui renferme de jolies petites histoires.

Dans le foyer, je vois les chenets, la pelle, les pincettes, et, à côté, le soufflet; sur la cheminée, la pendule, les vases, la grande glace...

— Mais, interrompit Émilie, quand tu as parlé du lit, tu as oublié le sommier, le traversin, les draps, la couverture, les rideaux...

— Et toi, dit Georges, tu n'as pas cité les carreaux de vitre aux croisées, une serrure et une clef à chaque porte, à chaque armoire, à chaque commode, et même au tiroir de notre table de travail.

— Et moi aussi, répliqua Émilie, je puis encore

nommer des choses après toi. Tiens, regarde : une chaise à quatre pieds, des barreaux et un dossier.

Le lit et la table ont aussi quatre pieds; la commode...

— Et la glace, dit Georges, a un encadrement ; la pendule a un balancier, un cadran tout rond avec des chiffres qui indiquent les heures; puis deux aiguilles qui avancent tout doucement sans qu'on les voie se mouvoir. La petite, qui indique les heures, marche beaucoup plus lentement que la grande, qui marque les minutes, les quarts d'heure et les demi-heures.

— Eh bien, dit Émilie en regardant son frère, je puis encore...; mais tous deux partirent d'un si grand éclat de rire, qu'elle ne put continuer.

— Assez, mes bons amis, dit la maman. Je suis contente de vous pour ces détails.

Il faut que les enfants apprennent non-seulement à reconnaître les choses par leurs noms, mais aussi à en comprendre l'usage, l'utilité ; il faut encore qu'ils sachent que tous ces objets sont dus au travail de l'homme.

L'homme ne se rend utile que par le travail.

Les habitations des hommes.

La *cabane*. — La plus simple, la plus petite habitation de l'homme est une *cabane*.

La *cabane* est une loge, une toute petite maisonnette,

faite de terre grasse mêlée de pierres et de morceaux de bois.

Elle est couverte de paille ou de roseaux.

C'est le lieu de refuge pour le pêcheur, au bord de la mer, d'un fleuve ou d'une rivière.

C'est là qu'il renferme ses instruments de pêche, qu'on appelle aussi des *engins* de pêche.

Il y a aussi la cabane du berger, où il s'abrite pendant la nuit, et d'où il veille à la garde des bestiaux qu'on laisse paître dans les prés : ce sont les bœufs, les vaches, les taureaux, les chevaux. Dans les champs, ce sont les moutons et les brebis.

On appelle encore *cabane* le petit logement d'un garde de nuit dans les marais salants, dans les chantiers où se trouvent déposés des instruments de travail, etc.

La *chaumière*. — Il y a la maisonnette ou petite maison isolée, dans la campagne, où se loge une famille.

Elle est grossièrement bâtie ; la toiture est couverte de chaume, qui est un mélange de paille et de roseaux. C'est pour cela qu'on l'appelle *chaumière*.

C'est la demeure du pauvre.

A côté, se trouve une cabane à peu près semblable pour mettre à couvert un petit troupeau.

Puis une petite loge pour un porc ; une autre pour un chien de garde.

Une cour, un jardin et un champ où la pauvre famille cultive les plantes nécessaires à sa nourriture.

La *maison*. — La *maison* se compose de plusieurs pièces ou chambres, suivant les besoins de la famille qui l'habite.

Toutes les pièces ou chambres qui s'appuient sur le so forment ce qu'on appelle le *rez-de-chaussée*.

A la campagne surtout, beaucoup de maisons ne se composent que d'un rez-de-chaussée.

Les murs de ces maisons sont quelquefois formés de petites pierres appellées *moellons*, qu'on trouve dans les carrières ou rochers.

Ces pierres sont liées entre elles par du *mortier*, qui est un mélange de chaux et de sable détrempés avec de l'eau.

Ce mortier, en séchant, se durcit et consolide les pierres.

On voit aussi des murs construits avec des briques bien exactement posées et unies par du mortier.

Enfin, les murs les plus solides et les mieux faits sont construits avec des *pierres de taille*.

Ces pierres sont régulièrement taillées par les ouvriers appelés *tailleurs de pierres*, et sont si justement posées les unes sur les autres, qu'on dirait toute la muraille formée d'une seule pierre.

Pendant la construction, les ouvriers ont besoin de laisser vide la partie du mur où l'on veut avoir une ouverture, soit une porte, soit un portail, soit une fenêtre ou croisée.

La *toiture* ou couverture de la maison est formée de fortes pièces de bois sur lesquelles on cloue des planches ; et, sur ces planches, on pose des tuiles ou des ardoises.

On donne de la pente à la toiture pour faciliter l'écoulement des eaux pendant la pluie ; autrement, l'eau finirait par pénétrer dans la maison.

Si l'on construit d'autres pièces ou chambres immédiatement au-dessus du rez-de-chaussée, cette autre partie de la maison est appelée le *premier étage*.

Si l'on en fait autant au-dessus du premier étage, cette nouvelle construction s'appelle le *second étage*.

Il y a des maisons, surtout dans les grandes villes, qui ont trois, quatre étages.

A Paris, on en voit un très-grand nombre qui ont jusqu'à cinq et six étages au-dessus du rez-de-chaussée.

Alors plusieurs familles se logent dans ces maisons, et chaque famille occupe un étage ou une partie d'étage, selon le nombre des personnes dont elle se compose.

Le dehors de la maison se nomme l'*extérieur*, et le dedans se nomme *l'intérieur*.

A l'extérieur d'une maison, on distingue la *façade*: c'est le côté ou la surface qu'on a devant soi, quand on veut y pénétrer, c'est là que se trouve la porte principale.

Dans les grandes maisons, il y a plusieurs portes au rez-de-chaussée.

Alors la porte principale, qui est plus haute et plus large que les autres, reçoit le nom de *portail :* c'est par cette ouverture qu'on peut entrer avec une voiture.

On l'appelle aussi *porte cochère*, c'est-à-dire porte où un *cocher* peut entrer avec la voiture qu'il conduit.

De l'extérieur on voit les fenêtres, les vitres, les contrevents ou les persiennes.

Les *contrevents* sont en bois plein et ne laissent pas pénétrer la lumière, quand ils sont fermés. On les met principalement aux fenêtres du rez-de-chaussée, dans la campagne et dans les villages.

Les *persiennes*, composées de lames minces, séparées, disposées en abat-jour et montées sur un châssis en bois, se placent aux fenêtres des étages.

A l'intérieur d'une maison, on remarque tout d'abord les portes par où l'on va d'une pièce dans une autre, ce sont les portes de communication.

Les fenêtres ou croisées, avec leurs carreaux de vitre qui laissent pénétrer la lumière du jour.

La cheminée avec son foyer, où l'on fait du feu pour se garantir du froid pendant l'hiver.

Cette cheminée est surmontée d'un tuyau qui s'étend jusqu'au-dessus de la toiture, pour faire échapper la fumée.

Les chambres, plus ou moins nombreuses, selon le nombre des personnes de la famille.

On donne plus particulièrement le nom de *chambre* ou de *chambre à coucher* à la pièce où l'on couche.

La pièce qui ne contient pas de lit et où l'on reçoit les visiteurs s'appelle le *salon*.

La pièce où l'on prépare les mets, les choses destinées aux repas s'appelle la *cuisine*.

La *salle à manger* se dit de la pièce où l'on mange, où l'on prend ses repas.

On donne le nom de *cabinet* ou de *cabinet de toilette* à une petite pièce où l'on s'enferme pour se nettoyer et faire sa toilette.

Le *cabinet de travail* ou le *bureau* est la pièce où le maître de la maison se retire pour ses écritures, pour faire ses comptes, pour son travail particulier.

A la campagne, la partie supérieure de la maison, celle qui est immédiatement sous le toit, se nomme le *grenier*, parce qu'on y met en réserve les grains et autres denrées.

Quelquefois on y met du linge à sécher.

Au rez-de-chaussée, au contraire, et dans certaines maisons, se trouve le *cellier*, endroit où l'on met du vin en réserve avec quelques autres provisions.

Dans les villes, la *cave* est un lieu, ordinairement voûté, placé au-dessous du rez-de-chaussée, et où l'on renferme le vin, le charbon, le bois, etc.

Tous les objets qui se trouvent à l'intérieur d'une maison et à l'usage des personnes qui l'habitent, forment ce qu'on appelle le *mobilier*.

Les lits, les tables, les armoires, les chaises, les fauteuils, les miroirs, les glaces, sont des *meubles*.

Les vêtements, le linge, les chandeliers, les candélabres, les flambeaux, les lustres, les divers vases, la vaisselle, les couverts d'argent ou d'autre métal, sont des objets *mobiliers*, c'est-à-dire faisant partie du *mobilier*.

Les instruments de travail, les livres, les bijoux, l'argent même, font aussi partie du mobilier d'une maison.

On y comprend, en un mot, tout ce qui est à l'usage de l'homme et de la famille, dans la maison.

Parmi les maisons, il y en a qu'on désigne par le nom d'*hôtels*.

Ils ne sont généralement habités que par des familles riches.

Ces hôtels sont construits avec luxe, ainsi que les diverses pièces qui les composent.

On y réunit les plus beaux meubles, de belles tentures, de grandes et magnifiques glaces, des lustres, de beaux tapis, des tableaux, des statues, enfin tout ce qui peut en rendre le séjour agréable et commode pour tous les usages de la vie.

A la campagne, ces hôtels sont appelés des *châteaux*, parce que, indépendamment d'une belle et grande maison, on y trouve de beaux jardins, des pelouses, des bois, des bosquets, et que tout y annonce la richesse, l'opulence et le bien-être.

» A la ville, on appelle également hôtels de grandes maisons où l'on reçoit des voyageurs ou *hôtes*, qui ne s'y logent que pendant leur séjour dans la ville. Les logements plus petits que les hôtels sont appelés des *auberges*.

Les maisons de campagne des monarques et des princes, qui sont bâties avec plus de magnificence encore que celles des particuliers, sont appelées *châteaux*.

Tels sont, à une certaine distance de Paris, le château de *Compiègne*, le château de *Saint-Cloud*, le château de *Fontainebleau*, le château de *Meudon*, le château de *Versailles*.

Enfin, la maison où demeure un souverain ou un prince se nomme un *palais*.

Ainsi, à Paris, il y a le palais des *Tuileries*, le *Palais-Royal*, le palais de l'*Élysée*, le palais du *Luxembourg*.

On donne aussi le nom de *palais* aux grands édifices où l'on expose les plus beaux objets de peinture, de gravure, de sculpture, et les plus riches ornements, tant anciens que modernes.

C'est ainsi qu'on dit : le palais du *Louvre*, le palais de l'*Industrie*, le palais des *Beaux-Arts*.

Demeures des animaux.

Le lieu où l'on renferme les bœufs et les vaches se nomme *étable*.

L'écurie est la demeure des chevaux, des mulets, des ânes.

La *bergerie* est celle des moutons et des brebis.

Dans l'étable, l'écurie et la bergerie, on met de la paille sous les pieds des bestiaux, afin qu'ils puissent s'y coucher et s'y reposer pendant la nuit : c'est là leur lit, et l'on donne à cette paille le nom de *litière*.

On doit remuer la litière chaque jour, la nettoyer des ordures qui s'y trouvent, et renouveler l'air.

Il faut nettoyer et laver également les animaux, parce que la propreté, pour eux comme pour les hommes, entretient la santé et fortifie le corps.

La petite loge en pierres où l'on met les porcs et les truies se nomme un *toit*.

Le *chenil* est la loge du chien qui garde la maison.

On dit le *poulailler* pour les poules, les coqs, etc.

Le *pigeonnier* ou *colombier* pour les pigeons et les colombes.

La *cage* et la *volière* pour les oiseaux qu'on apprivoise.

Les oiseaux non apprivoisés se perchent dans les arbres des bois ou des jardins ; d'autres dans les trous des murailles.

Le *nid* est le berceau des petits oiseaux.

L'*aire* est celui des aiglons ou petits aigles.

La *ruche* est la demeure des abeilles.

Un *antre* ou profonde caverne dans les rochers sert de retraite aux animaux féroces des forêts.

Une *tanière* est une cavité dans la terre, dans les rochers, où se retirent les bêtes sauvages.

Le *terrier* est un trou pratiqué dans la terre pour servir de retraite à certains autres animaux, tels que les lapins, les renards, les blaireaux, les taupes.

Hameau, village, bourg, ville.

HAMEAU. — Deux, trois ou quatre chaumières ou petites maisons de paysans, écartées les unes des autres, forment ce que l'on appelle un *hameau*.

Là demeurent quelques familles occupées à la culture des champs, à l'élève du bétail et à la garde des troupeaux.

On distingue du hameau la *ferme*, qui comprend une grande étendue de terres à cultiver et à entretenir.

Il n'y a qu'une maison d'habitation pour le cultivateur qui s'occupe de la ferme avec sa famille.

On l'appelle le *fermier*.

Il n'est pas le propriétaire de la ferme ; il a entrepris de l'exploiter, d'en tirer le meilleur parti possible à ses frais ; il ne la possède qu'à titre de loyer, pour un certain nombre d'années ; et, en échange des bénéfices qu'il retire de la ferme, il paye une somme convenue au véritable propriétaire.

Ce propriétaire ne veut pas ou ne sait pas cultiver ses terres, et c'est pour cela qu'il les prête, qu'il les loue à ce cultivateur, nommé *fermier*.

Village. — Le *village* est plus grand, plus étendu que le hameau. Il comprend un plus grand nombre de maisons.

Ce sont encore de petites maisons, occupées par des cultivateurs, et aussi par quelques ouvriers qui s'emploient surtout à la fabrication des instruments de labourage.

On y trouve aussi des forgerons, qui font des fers pour les pieds des bœufs, des chevaux, et qui fabriquent d'autres objets en fer;

Des boulangers, qui font le pain pour les habitants manquant de four pour le faire cuire;

Des marchands, vendant les provisions et les objets de consommation dont les habitants peuvent avoir besoin.

Des marchands voyageurs vont aussi dans les *villages* avec des marchandises qui ne s'y trouvent pas ordinairement, et qu'ils vendent en échange d'argent.

Au village, on trouve bien ce qui est nécessaire à la nourriture; mais il n'y a pas tous les objets dont on a besoin pour les vêtements et pour les autres usages de la vie.

Bourg. — Le *bourg* est beaucoup plus étendu et se compose d'un bien plus grand nombre de maisons que le village.

On y voit des maisons mieux bâties et plus spacieuses, qui ont deux et quelquefois trois étages au-dessus du rez-de-chaussée.

Alors c'est un gros *bourg*, renfermant un bon nombre d'habitants.

Dans un *bourg* bien établi, les maisons sont bâties les unes à côté des autres, et rangées sur une même ligne, par leurs façades.

Devant ces maisons, se trouve un espace vide, une route, qu'on appelle une *rue*, pour le passage des allants et des venants.

De l'autre côté de la rue, on voit encore une rangée de maisons, en face des autres.

Quand cette rue bordée de maisons est d'une certaine longueur, on fait une nouvelle rue dans un autre sens, où les maisons sont alignées de la même manière.

L'ensemble des maisons et des terres d'un bourg forme ce qu'on appelle une *commune*.

Les habitants choisissent parmi eux un homme instruit et capable, jouissant d'une grande réputation d'honnêteté et de probité, et ils lui confient le soin de veiller aux intérêts et au bon ordre de la commune.

Cet homme reçoit le nom de *maire*.

La maison où le *maire* se rend pour s'occuper des affaires de la commune s'appelle la *mairie* ou *maison communale*.

A la mairie on inscrit les noms et les prénoms des petits enfants à leur naissance;

On y inscrit, à l'âge de vingt ans, les garçons sans infirmités qui doivent être militaires;

On y inscrit les hommes et les femmes qui s'unissent par mariage;

Enfin on y inscrit les noms des personnes qui meurent.

On y fait beaucoup d'autres choses, qui vous seront expliquées plus tard, dans un autre livre.

Dans un *bourg*, il y a une et quelquefois plusieurs maisons qu'on appelle *écoles*, où les petits garçons et les petites filles se rendent pour apprendre à lire, à écrire, à compter et à travailler. Ces enfants sont des *écoliers*, des *écolières*.

On y distingue encore un édifice qui est bien plus grand qu'une maison ordinaire, c'est la maison du bon Dieu.

C'est là que, les jours de repos, les dimanches et jours de fêtes, les habitants se réunissent pour prier Dieu.

Cet édifice porte le nom d'*église* pour les habitants qui suivent la religion *catholique*;

Il a le nom de *temple* pour ceux qui pratiquent la religion *protestante*,

Et de *synagogue* pour ceux qui pratiquent la religion des *juifs* ou *israélites*.

Il y a, pour faire l'office divin, un homme choisi, pieux et instruit, qu'on appelle *prêtre* ou *curé* pour l'église, *ministre* pour le temple, et *rabbin* pour la synagogue.

L'église est surmontée d'une tour dans laquelle on a suspendu une cloche. En dedans de cette cloche est attachée par un anneau une tige de fer arrondie à l'extrémité : c'est le battant de la cloche.

A un gros manche ou pièce de bois fixée au-dessus de la cloche est suspendue une longue corde qui descend jusqu'en bas dans l'église.

Aux heures des prières et des offices, un homme tire cette corde, agite la cloche ; et le battant, mis également en mouvement, va frapper les bords de la cloche et la fait sonner pour avertir les habitants et les appeler à l'église.

Cet homme est le *sonneur* de cloche.

A l'église, le prêtre donne le *baptême* aux enfants qui viennent de naître.

Il leur fait faire la *première communion*, lorsqu'ils ont environ douze ans.

Il donne la bénédiction aux personnes qui ont été unies par un mariage à la mairie.

Il fait les cérémonies et les prières aux funérailles des morts.

Le bourg, dans son ensemble, forme ce qu'on appelle la *paroisse*, et les habitants sont dits les *paroissiens*, par rapport à l'église.

La maison où demeure le prêtre ou curé de la paroisse est appelée *presbytère ;* on dit aussi la *cure*.

Le bourg se distingue encore du village en ce qu'on y voit un *marché*.

C'est une grande place où se réunissent des personnes avec diverses marchandises dont les habitants ont besoin :

Du bois, des légumes, des fruits, du poisson, du blé, de la farine, des étoffes, des vêtements tout faits, de la toile, du coton, etc.

Des ustensiles de cuisine, des instruments de travail, en bois ou en fer; des biscuits, des galettes et autres bonbons, des jouets pour les enfants.

Tous ces objets sont achetés par les habitants qui ne les ont pas chez eux et qui en ont besoin.

Lorsque le marché est couvert par une toiture, on l'appelle une *halle*. Alors les marchands sont à l'abri de la pluie ou de la chaleur trop forte du soleil.

Le marché se tient une fois, deux fois, trois fois par semaine, selon le nombre des habitants.

A une certaine époque de l'année, il se tient un grand marché qu'on désigne sous le nom de *foire*.

Alors c'est une sorte de fête, où s'assemblent un grand nombre d'habitants des villages ou des bourgs d'alentour.

Cette *foire* se tient en plein air, sous des tentes et des baraques, parce que la halle ne suffirait pas à contenir tout le monde.

On y voit des marchands qui amènent, pour les vendre, des bœufs, des vaches, des veaux, des moutons, des chevaux, des mulets, des porcs.

D'autres y apportent des grains et des graines de toutes sortes; d'autres, des étoffes, des chapeaux, des bonnets, etc.

On y trouve une multitude d'objets dont l'usage est

habituel aux habitants qui forment cette assemblée.

Les marchands qui vont ainsi porter leurs marchandises dans les foires sont dits marchands *forains*.

On y voit aussi des montreurs de bêtes, des saltimbanques, qui font la parade et jouent la comédie pour amuser les curieux de la foire.

VILLE. — La *ville* est plus grande, plus étendue que le *bourg* ; elle renferme un plus grand nombre d'habitants.

Là on voit plusieurs rues, généralement droites, qui se croisent et qui sont bordées de maisons à plusieurs étages, bien régulièrement bâties les unes à côté des autres.

Il y a de grandes et de petites villes ; mais les plus petites ont toujours un plus grand nombre de maisons et d'habitants que les bourgs.

Dans une ville, il y a aussi un *maire* et une *maison communale* ou *mairie* : on donne aussi à la mairie le nom d'*hôtel de ville*.

C'est un plus grand édifice qu'une mairie ordinaire, parce qu'il s'y présente un plus grand nombre d'habitants.

Dans une grande ville, il y a plusieurs églises pour la commodité des habitants.

Alors on compte autant de *paroisses* qu'il y a d'églises.

La plus grande et plus importante église reçoit le nom de *cathédrale*. La *cathédrale* est plus belle et plus richement ornée à l'intérieur que les autres églises.

En France, la majeure partie des habitants se compose de *catholiques*.

Aussi, même dans une grande ville, on ne voit guère qu'un temple protestant, qu'une synagogue ou temple des juifs.

On y trouve plusieurs écoles pour les enfants que les parents ne peuvent pas instruire eux-mêmes.

Il y a une grande halle ou marché couvert, où se rendent les marchands, chaque jour.

Là, aussi, il y a des foires, une ou plusieurs fois dans l'année.

Dans un autre livre, vous trouverez beaucoup d'autres explications sur les *villages*, les *bourgs* et les *villes*.

Le temps ou la durée.

— Maman, disait Julien à sa mère, il pleut toujours. Je ne puis aller dans le jardin, pas même dans la cour.

Je trouve ce temps de pluie bien long.

— Qu'est-ce que le *temps*, mon ami? Voyons: réponds-moi sur cela comme tu le comprends; mais réfléchis bien d'abord.

— Tiens, maman: quand je veux aller d'un bout de la chambre à l'autre, je fais un, deux, trois, quatre, cinq, six, sept, huit, neuf, dix pas.

Voilà, pour moi, la longueur de la chambre, la distance qu'il y a depuis la porte jusqu'à la croisée d'en face.

— Cela est vrai, dit la mère, mais ce n'est pas du *temps*.

— Je n'ai pas fini, maman; c'est une comparaison. Je ne suis pas rendu au bout aussitôt que parti.

Entre le premier et le second pas seulement, il s'écoule un instant; il en est de même entre le second et troisième pas; de même entre le troisième et le quatrième, et ainsi des autres pas jusqu'au dixième.

Tous ces petits moments l'un à l'autre ajoutés font une durée assez longue pour qu'elle soit remarquée.

La même chose a lieu pour mon devoir. Entre le moment où je le commence et celui où je le finis, il s'écoule bien des moments.

Je me couche le soir, je dors, et je me réveille au jour, le lendemain matin. Beaucoup de moments se sont écoulés pendant mon sommeil.

Avant que la pluie commençât à tomber, la cour et les allées du jardin étaient sèches, et maintenant elles sont mouillées: il s'est donc écoulé plusieurs moments depuis que la pluie a commencé à tomber.

Je crois, bonne mère, que la durée de tous ces moments, qui se suivent sans interruption, forme ce que l'on appelle le *temps*.

— *C'est bien cela, mon cher Julien; c'est très bien expliqué. Viens, que je t'embrasse de tout mon cœur.*

Le tic tac de la pendule.

— Marie, dit le papa à sa fille, viens me parler à ton tour.
— Hier, ton frère Julien expliquait à ta bonne mère

comment il comprend ce que c'est que le *temps* ou la *durée*.

Allons, réfléchis comme il l'a fait, et dis-moi ce que tu pourras. Il ne faut pas qu'une petite fille soit moins savante que son frère.

— Mais, mon papa, Julien a tout dit, ce me semble, et je ne sais que dire après lui.

Le *temps*, c'est difficile à expliquer, parce qu'on ne voit pas le temps.

Je sens bien ce que c'est, mais je ne puis le dire.

Je dis quelquefois : Julien est bien longtemps à revenir ; il y a déjà longtemps que papa est sorti ; le temps me paraît long.

Ah ! je comprends maintenant, bon père.

— Tant mieux, ma chère fille.

— Tiens, papa, regarde le cadran de la pendule.

Tu entends le balancier qui fait faire *tic tac, tic tac?*

Eh bien, je vais marcher de manière à faire un pas à chaque *tic tac*.

Regarde bien la pendule, pendant que je marcherai devant, allant et venant, tout en écoutant le *tic tac*.

Je compterai mes pas en marchant. Je commence :

Un, deux, trois, quatre, cinq, six, sept, huit.....

Tu dis que la durée du *tic tac* s'appelle une *seconde*, et qu'il faut soixante *secondes* pour la durée d'une *minute*.

Si je faisais sans m'arrêter soixante pas, aussi vite que je viens de le faire, je marcherais donc durant une **minute**.

Je vois que le *tic tac* de la pendule se fait dans un tout petit moment. Tout de suite après, il y en a un autre, puis un troisième, un quatrième, et toujours.

Tous ces petits moments, qui passent successivement, forment une certaine durée.

Quand tu sors, le matin, puis que tu reviens pour déjeuner, je remarque bien la durée de ton absence.

Et c'est là le temps, n'est-ce pas, bon père?

— *Oui, ma chère enfant, et je suis très content de ton explication. Tu auras dix bons points pour cela.*

— *Embrasse moi d'abord, bon père chéri.*

Les secondes, les minutes.

Le lendemain, le papa appela près de lui Julien et Marie.

Mes enfants, leur dit-il, nous n'avons pas fini ce qu'il y a à dire sur le *temps*.

Je vais parler à mon tour; mais, toutes les fois que vous ne comprendrez pas ce que je dirai, vous m'interromprez pour me questionner, et je vous donnerai d'autres explications.

Vous avez bien expliqué, l'un et l'autre, ce que c'est que le temps.

A l'aide de la pendule, Marie a compris, au *tic tac*, le tout petit moment appelé une *seconde*, et cette petite durée servira à nous faire comprendre ce qui nous reste à dire.

— Mais, papa, dit Julien, qu'est-ce donc qui fait remuer ce balancier et produit ce tic tac que nous entendons?

— Mon cher enfant, si j'entrais dans tous les détails que nécessiterait une telle explication, tu ne les comprendrais pas, parce que tu n'es pas encore assez instruit pour cela. Tu le sauras plus tard.

Contentons-nous d'admirer l'invention de cet utile instrument qui nous sert à mesurer la durée des choses.

Quand on compte un, deux, trois, quatre, cinq, six, etc., en allant aussi vite, mais pas plus vite que le tic tac de la pendule, on met une *seconde* pour aller d'un nombre à un autre, et quand on arrive au nombre *soixante*, on a mis soixante *secondes* pour y arriver.

Soixante secondes font la durée d'une *minute*, ou une minute est la durée de soixante secondes.

— Hier, dit Marie, maman m'a emmenée à la cuisine, où il n'y a pas de pendule.

Elle a mis une bouilloire sur le feu. Dès qu'elle a vu l'eau bouillir, elle y a plongé un œuf, et tout aussitôt elle s'est mise à compter un, deux, trois, quatre, cinq.... jusqu'à soixante, ce qui faisait soixante secondes.

Rendue à soixante, elle a retiré l'œuf, qui était assez cuit pour être mangé à la coque. Maman me l'a donné pour mon déjeuner.

— Oh! dit Julien, demain matin, je prierai maman de me laisser faire cuire ainsi un œuf à la coque.

Les heures.

De même qu'il faut soixante *secondes* pour faire une *minute* de durée, de même il faut soixante minutes pour faire une *heure*.

Une *heure* est donc une durée de soixante minutes.

Il y a, dans une heure, soixante fois la durée d'une minute.

Vous voyez que le temps d'une heure est déjà un peu long. Aussi on divise l'heure en plusieurs parties.

On dit un *quart d'heure* pour une durée de *quinze minutes*.

Une *demi-heure* est une durée de *trente minutes*.

Trois quarts d'heure font une durée de *quarante-cinq minutes*.

— Et *quatre quarts d'heure*, dit Julien, font une durée de *soixante minutes*.

Mais, papa, *quatre quarts d'heure*, soixante minutes, ou une heure, c'est la même chose alors ?

— Oui, mon ami, c'est la même chose.

Quelquefois on n'a pas besoin d'employer une heure entière à faire une chose ; on n'en emploie qu'une partie.

— C'est vrai, papa, dit Marie. Nous disons souvent, Julien et moi : J'aurai fini mon devoir dans dix minutes, un *quart d'heure* tout au plus.

Maman rentrera bientôt, et nous ferons une lecture d'une *demi-heure*.

Je t'ai entendu dire, l'autre jour : Attendez-moi pour dîner : je reviendrai dans *trois quarts d'heure*, dans une *heure*.

— Oui, mes enfants, on divise le temps en parties selon les besoins.

— Je le comprends pour les *minutes*, dit Julien ; mais une *seconde* est si vite passée, qu'on n'a guère besoin d'y faire attention.

— Cependant, dit le père, ta mère en a fait usage hier pour un œuf à la coque.

Il est beaucoup d'autres cas où quelques secondes font une durée bien longue.

Un accident arrivé à ta sœur, l'autre jour, peut t'en donner la preuve.

Marie ouvrit un tiroir de la commode. Quand elle le poussa pour le fermer, elle avait la main gauche appuyée sur le bord, et ses doigts furent pris.

Elle jeta les hauts cris, sa mère accourut aussitôt et la dégagea. Tout cela se passa dans une durée de quatre ou cinq secondes ; mais je crois que Marie trouva ce temps trop long.

— C'est vrai, bon père, dit Marie, et je me le rappelle bien. Mon Dieu ! que maman tardait à venir à mon secours, selon moi, et que le temps me semblait long !

— Ainsi, mes enfants, vous savez bien maintenant qu'une durée très courte se mesure par les *secondes ;* que les *minutes* marquent une durée soixante fois plus longue, et que les *heures* sont soixante fois plus longues que les minutes.

Les enfants, qui n'ont que peu de devoirs à remplir, qui ne songent guère qu'à leur nourriture et à leurs jeux, ne s'occupent point de la longueur du temps.

Mais le laboureur aux champs, l'ouvrier à l'atelier, la mère de famille sans cesse occupée aux soins du ménage, à la préparation des repas et à l'éducation de ses enfants, savent bien s'en rendre compte.

Ils travaillent durant plusieurs *heures* avant et après chaque repas.

Les hommes qui aiment le travail ne trouvent jamais le temps trop long, mais la fatigue les avertit des heures employées.

Jour, journée, matin, soir...

Maintenant, mes amis, que vous connaissez la durée d'une *seconde*, d'une *minute*, d'une *heure*, il faut que vous appreniez la durée d'un *jour*.

Le *jour* comprend une durée de *vingt-quatre heures.*

C'est le temps pendant lequel la lumière du soleil nous éclaire, et celui qui s'écoule pendant la nuit jusqu'à ce que cette lumière reparaisse.

Le jour se divise en deux grandes parties : le *jour* proprement dit et la *nuit*.

Le *jour* proprement dit, c'est la clarté, c'est le temps où la lumière du soleil nous éclaire; la *nuit*, c'est le temps de l'obscurité : alors on se repose et l'on dort pour reprendre son travail au retour de la lumière.

Voilà l'espace d'un *jour* ou de vingt-quatre heures.

Au lieu de *jour* on dit *journée* pour désigner le temps qui s'écoule depuis le lever jusqu'au coucher, ou bien le temps du travail.

Ainsi l'on dit : Nous avons eu une belle *journée* aujourd'hui ; il a bien employé sa *journée ;* cet homme va en *journée*, il travaille à la *journée*.

Cependant on emploie aussi le mot *jour* dans le même sens, et l'on dit : Il a plu tout le *jour ;* le *jour* m'a paru long ; ils se sont promenés tout le *jour,* ou toute la *journée*.

Quand on arrive au milieu de la journée, on dit qu'il est *midi*, ce qui signifie la *moitié* ou le *milieu* du *jour*.

Pour la nuit profonde, pendant que vous dormez, on dit *minuit*, c'est-à-dire la *moitié* ou le *milieu* de la *nuit*.

La partie de la journée qui s'écoule depuis la clarté du jour et même avant jusqu'à midi, s'appelle le *matin*, et celle qui s'écoule après midi est appelée le *soir*.

Au lieu de *matin,* on dit la *matinée :* J'irai vous voir demain *matin,* demain dans la *matinée*.

De même, au lieu de *soir*, on dit la *soirée*.

Cependant on dit plutôt la *soirée* pour faire entendre la partie du jour où il n'y a plus de clarté, où la nuit est venue.

Alors, pour se procurer de la lumière à défaut de celle du soleil, on allume la chandelle, la bougie ou l'huile d'une lampe.

Demain j'irai passer la *soirée* chez mon voisin.

On dit aussi : J'irai le voir ce *soir*.

Quand la nuit n'est pas encore venue, on se sert également des mots *après-midi, tantôt*.

J'irai vous trouver *cette après-midi, ce tantôt*.

Enfin, on dit encore : Je l'ai rencontré *cette après-midi, ce tantôt*.

— Mais, papa, dit Julien, quand donc commence le jour, et quand finit-il ?

— Mon ami, il y a deux manières de fixer le commencement et la fin du jour.

La première manière, c'est de faire commencer le jour à *minuit*. Alors depuis *minuit* de la nuit dernière, par exemple, jusqu'à *midi*, aujourd'hui, il s'est écoulé *douze heures* ; depuis *midi* jusqu'à *minuit* de la nuit prochaine, il s'écoulera encore *douze heures*, ce qui fera vingt-quatre heures, ou l'espace d'un jour, et un autre jour commencera.

La seconde manière consiste à prendre *midi* pour le commencement du jour. Alors on compte encore *douze heures* depuis *midi* jusqu'à *minuit* de la nuit prochaine, par exemple, et *douze heures* depuis *minuit* jusqu'à *midi*, demain, ce qui fait encore vingt-quatre heures.

Il y a encore l'*aube*, l'*aurore* et le *crépuscule* qui font partie du jour.

Voyons, Julien, dis-nous ce que tu sais de ces choses, toi qui as vu le lever du soleil.

Allons, Marie et moi nous t'écoutons.

— Il y a quelques jours, papa, tu m'as réveillé et fait

lever de grand matin, pendant que Marie dormait encore.

Tu m'as conduit sur la petite montagne, que nous apercevons de la chambre de maman.

Le ciel était sans nuages, mais la nuit n'avait pas disparu, car on voyait encore les étoiles.

Peu après notre arrivée sur la montagne, tu me dis : Regarde là-bas, bien loin, bien loin, là où il semble que le ciel et la terre se touchent pour former ce cercle immense que nous voyons tout autour de nous.

C'est ce grand cercle qu'on appelle l'*horizon*.

Je portai mes regards du même côté que toi, et je vis alors que le ciel était blanc de ce côté de l'*horizon*.

Tu m'as dit que c'est cette blancheur du ciel qu'on nomme l'*aube* ou *crépuscule* du matin.

En regardant du côté opposé, je m'aperçus que le ciel était tout noir : il faisait encore nuit de ce côté-là.

Bientôt, la grande nappe blanche que j'avais vue se changea en une couleur de rose : c'était l'*aurore*, annonçant que le soleil allait paraître.

A droite et à gauche, dans une grande étendue, le ciel s'éclaircissait peu à peu d'une teinte blanche : ce n'était encore que l'*aube* sur ces points de l'horizon.

La partie du ciel où je voyais l'aurore devint rouge comme du feu. Peu après, je vis paraître, et comme sortant de dessous la terre, le commencement d'un grand disque plus rouge encore, puis le disque tout entier, semblable à un palet de fer rougi à la forge.

C'était le soleil, qui se levait et montait au-dessus de l'horizon. Ce côté de l'horizon s'appelle le *levant*.

Oh ! Marie, que tu aurais été contente de voir cela, si tu avais été sur la montagne avec nous !

C'était comme une grosse boule rouge, bien plus grosse que la tête de papa, n'est-ce pas, bon père ?

— Oui certainement, mon ami, et ce n'est qu'une apparence. Le soleil est si éloigné de nous, qu'il doit être bien gros, pour qu'à une aussi grande distance nous puissions le voir de la grosseur que tu dis.

Tu comprendras cela facilement quand tu seras plus grand et plus instruit. Continue.

— Bientôt, le soleil s'éleva de plus en plus dans le ciel, et sa lumière se répandit de tous côtés.

Papa dit cependant que le soleil ne bouge pas de place ; que c'est la terre qui tourne sans cesse autour du soleil, et que, dans l'espace de vingt-quatre heures, notre montagne, puis notre pays et tous les autres pays de la terre sont successivement éclairés par le soleil, comme une boule qu'on ferait tourner sur elle-même tout autour d'une bougie allumée.

J'avoue que je ne comprends pas bien tout cela, ni toi non plus, Marie ; mais papa nous l'expliquera quand nous serons grands.

Ainsi, mes enfants, le soleil semble monter dans le ciel ; et, quand il est parvenu au milieu de sa course, il est *midi :* c'est le milieu ou la moitié du jour.

Alors la pendule et l'horloge sonnent douze coups pour marquer douze heures.

Dans les églises, on sonne la cloche pour avertir les paroissiens qu'il est midi.

La petite pendule qu'on met dans la poche s'appelle une montre, et cette montre marque aussi douze heures à midi.

— Mais, papa, dit Marie, tout le monde n'a pas une pendule, une montre.

Julien n'a pas de montre, ni moi non plus.

— Les enfants n'en ont pas besoin, parce qu'ils sont toujours près de leur père et de leur mère, ou bien près de personnes qui les avertissent des heures.

Moi, j'ai une montre, parce que, lorsque je sors, j'ai besoin de calculer le temps de mon absence, de savoir à quelle heure je dois faire telle ou telle chose ; à quelle heure je dois rentrer à la maison.

— C'est bien commode une montre, puisque avec cela on peut mesurer le temps.

Mais, bon père, le laboureur qui est dans les champs, qui n'a pas de montre, qui n'entend pas la cloche de l'église, ne peut pas savoir quand il est midi.

— Il est vrai, ma bonne fille, qu'il est privé de ce moyen de connaître les heures ; mais il sait observer la marche du soleil, et, à force d'attention, en remarquant la hauteur du soleil au-dessus de l'horizon, il sait à peu près l'heure, et surtout l'heure de midi, qui est celle du repos pour le laboureur.

Après midi, le soleil semble se diriger du côté opposé au *levant*. Les heures s'écoulent toujours : on est dans le *tantôt*.

Puis, la lumière du soleil devient de moins en moins vive, à mesure qu'il s'approche de l'horizon.

Il finit par disparaître tout à fait, et l'on dit qu'il est couché. Ce côté de l'horizon s'appelle le *couchant*.

Après le coucher du soleil, le ciel, de ce côté-là, est blanc dans un vaste espace : c'est le *crépuscule* du soir. Il fait encore un peu clair.

Quand il ne fait plus clair du tout, c'est la *nuit*.

La nuit dure ainsi jusqu'à l'*aube* ou crépuscule du matin, et l'on voit paraître la lumière d'un autre jour.

Voilà les diverses parties du jour ou durée de vingt-quatre heures.

Le jour actuel, le jour où nous sommes maintenant, se dit *aujourd'hui*.

Pour le jour qui était avant aujourd'hui, on dit *hier*, et pour le jour avant celui d'hier, on dit *avant-hier*.

Pour le jour qui viendra après aujourd'hui, on dit *demain*, et pour le jour qui suivra demain, on dit *après-demain*.

Enfin, on dit la *veille* pour désigner le jour qui précède celui dont on parle, et le *lendemain* pour celui qui suit.

Ainsi, on peut dire à un ami : Au lieu de venir nous voir le jour de Pâques, venez la *veille* (c'est-à-dire un jour avant), parce que nous ne serons pas à la maison le jour de cette fête, ni le *lendemain* (c'est-à-dire le jour d'après).

4

La semaine.

La maman fit venir Julien et Marie près d'elle, un matin, et leur dit :

C'est moi, mes enfants, qui suivrai aujourd'hui les autres explications que vous avez à donner sur le temps.

Voyons, Julien, qu'entends-tu par une *semaine ?*

— Une semaine, bonne mère, ce n'est pas difficile à dire : c'est une durée de *sept* jours.

Les sept jours sont : *lundi, mardi, mercredi, jeudi, vendredi, samedi* et *dimanche.*

— Et toi, Marie, peux-tu me dire pourquoi on a fait la semaine de sept jours, au lieu de la composer de huit, neuf ou dix jours, par exemple ?

— Maman, tu m'as dit, toi qui as lu beaucoup de livres, que l'histoire sainte enseigne que le bon Dieu a créé le monde en six jours, et qu'il s'est reposé le septième jour.

Voilà pourquoi le *dimanche,* qui est le septième jour, le jour du repos, on ne travaille pas comme les autres jours. On se nettoie bien, on s'habille plus proprement, on fait plus de prières, et l'on demande à Dieu le pain quotidien ou de chaque jour pour tout le monde ; on lui demande aussi de conserver la santé d'un bon père et d'une bonne mère.

— Mais, bonne mère, dit Julien, nous avons, nous, petits enfants, deux jours de repos dans la semaine. Nous ne travaillons presque pas à nos devoirs, le jeudi. Aussi, comme nous nous amusons bien avec nos camarades !

— C'est vrai, mon chéri. Les enfants n'ayant pas autant de forces que les hommes, ni l'habitude d'un long travail, on ne les assujettit pas à une tâche fatigante ; on se contente de les occuper, pendant quelques heures du jour seulement, à faire des devoirs pour leur instruction, à lire, à écrire, à compter, etc.

Cela n'est pas bien pénible ; qu'en dis-tu ?

— Oh ! non, maman ; et maintenant que je sais un peu lire, plus je lis, plus j'aime à lire.

— Et moi aussi, bonne mère, dit Marie.

— Je suis enchantée de votre réponse, mes chers enfants. Eh bien, quand les enfants ont raisonnablement travaillé à leurs devoirs, le lundi, le mardi et le mercredi, on leur fait faire quelque petite chose le jeudi, dans la matinée, et puis on leur dit : Amusez-vous, enfants.

On n'a pas besoin de le leur dire deux fois : ils s'envolent tout de suite comme des oiseaux sortant d'une cage.

Les mois.

Un *mois* est le temps qui dure trente jours, trente et un jours, un peu plus de quatre semaines.

Il y a douze mois différents, ayant un nom chacun, comme il y a douze heures sur le cadran d'une pendule, d'une montre ou d'une horloge.

Ces douze mois sont : *janvier, février, mars, avril, mai, juin, juillet, août, septembre, octobre, novembre, décembre.*

Regardez la pendule, mes enfants, et supposez le nom d'un mois à chaque heure marquée.

La première heure indiquée par le nombre I sera pour le mois de *janvier* ; la deuxième heure ou le nombre II sera pour le mois de *février* ; III pour *mars* ; IV pour *avril* ; V pour *mai* ; VI pour *juin* ; VII pour *juillet* ; VIII pour *août* ; IX pour *septembre* ; X pour *octobre* ; XI pour *novembre*, et XII pour *décembre*.

C'est un moyen de vous rappeler les noms des mois. Quel est le mois indiqué par le nombre VI ?

— Maman, dit Julien, c'est le mois de *juin* ; mais celui que je me rappelle toujours, c'est le mois de *janvier*, parce que le premier jour de ce mois est le jour des étrennes.

— Et moi aussi, dit Marie, j'y pense bien souvent, et je trouve qu'il est bien longtemps à revenir.

— Mes chers enfants, dit la mère, si votre bon père et moi ne vous donnons vos étrennes qu'après douze mois, ce qui fait le temps d'une année, nous ne manquons jamais de vous récompenser, quand vous faites bien vos devoirs et que vous êtes sages, dociles et obéissants.

J'ai dit qu'un mois est une durée de trente jours, trente et un jours ; mais la vérité est qu'il y en a sept de trente et un jours, quatre de trente jours, et un, le mois de *février*, qui a vingt-huit et quelquefois vingt-neuf jours seulement.

Voici un moyen facile de reconnaître les mois de trente et un jours.

Quand j'étais enfant, comme vous, ma bonne mère l'employa pour me les faire retenir.

Voyons, je vais faire avec vous ce qu'elle a fait avec moi.

Fermez la main gauche en y cachant le pouce.

— C'est fait, maman : tiens, tu vois ?

— C'est bien. Vous voyez ces quatre os qui sont comme de petites montagnes dans le haut de vos quatre doigts. Ces quatre montagnes vont nous servir à distinguer les sept mois de trente et un jours.

Voici comment, et vous allez faire comme moi :

Je mets l'index de la main droite sur la première montagne de la main gauche, et je dis : *janvier*, trente et un jours.

Je fais glisser l'index dans le creux qui vient après et qui est la vallée de la première montagne, et je dis : *février*, sans ajouter un mot.

Faites-vous comme moi ? — Oui, maman.

Je remonte l'index et je le porte sur la seconde montagne, en disant : *mars*, trente et un jours.

Je fais glisser l'index dans la seconde vallée, et je dis : *avril*, sans ajouter un mot.

Je porte l'index sur la troisième montagne, en disant *mai*, trente et un jours.

Je fais glisser l'index dans la troisième vallée, et je dis : *juin*, sans ajouter un mot.

Je fais monter l'index sur la quatrième montagne, et je dis : *juillet*, trente et un jours.

Mais, après cette quatrième montagne, il n'y a pas de

4.

vallée pour y faire descendre l'index ; il n'y a que le vide, et pourtant l'opération n'est pas finie.

Alors je reporte l'index sur la première montagne, où je dis : *août*, trente et un jours.

« Ainsi vous le voyez : grâce à l'absence de vallée après la quatrième montagne, et obligée comme je le suis de reporter l'index sur la première montagne, il se rencontre que cette montagne indique encore un mois de trente et un jours, le mois d'*août*. Continuons.

Je fais glisser l'index dans la première vallée, en disant : *septembre*, et rien de plus.

Je fais remonter l'index sur la seconde montagne, et je dis : *octobre*, trente et un jours.

Je fais encore glisser l'index dans la seconde vallée, en disant : *novembre*, et rien de plus.

Enfin, je fais remonter l'index sur la troisième montagne, et je dis : *décembre*, trente et un jours. C'est fini.

Vous voyez que nous avons porté l'index sur les quatre montagnes, puis nous sommes revenus sur trois autres, en tout sept montagnes, indiquant chacune un mois de trente et un jours.

Voilà donc sept mois bien connus.

Le mois de *février* est connu, puisque c'est le plus court.

Les quatre autres mois ont, chacun, trente jours : *avril, juin, septembre, novembre.*

Voilà comment, depuis mon enfance, je sais parfaitement les sept mois de trente et un jours, les quatre de trente jours, et le mois de *février*, le plus court.

Apprenez bien par cœur les douze noms des mois, puis amusez-vous à faire l'exercice que je viens de vous enseigner.

Julien et Marie le firent tout de suite.

L'année et les saisons.

La maman continua ainsi ses leçons sur le temps :

Les enfants, mes bons chéris, qui n'ont point à s'occuper de leur nourriture, de leurs vêtements, ni des affaires de la famille, ont l'esprit libre, avec de la mémoire, et peuvent apprendre beaucoup de choses, pourvu qu'ils réfléchissent bien à tout ce qu'ils voient, et qu'ils fassent attention à tout ce qu'on leur dit.

Écoutez donc bien ce que je vais vous dire.

Le temps qui s'écoule durant les douze mois dont nous avons parlé est ce qu'on appelle un *an* ou une *année*.

Une année contient trois cent soixante-cinq jours. N'est-ce pas, Julien, qu'il s'écoule bien des secondes, bien des minutes et même bien des heures en une année ?

— Oh ! oui, maman, et il me serait impossible de le dire tout de suite.

— Nous en parlerons plus tard, mon ami, et tu seras bien aise de le savoir, je t'assure.

On emploie les *années* pour compter les longues durées, comme pour l'âge des personnes, pour des faits passés depuis longtemps.

Ainsi l'on dit : Cette personne a trente ans, quarante ans ; un enfant de sept ans, de huit ans, dix ans, etc.

Ce n'est que pour les courtes durées que l'on emploie les mois, les jours, les heures, les minutes, les secondes,

Ainsi vous pouvez dire, par exemple : Il y a six mois que je commence à faire des devoirs; mon camarade Paul viendra me voir dans trois jours; il y a deux heures que Marie a fini son devoir ; il y a une demi-heure, un quart d'heure, dix minutes que j'ai fini le mien; je ne mettrais pas dix secondes pour aller d'un bout de la chambre à l'autre. Comprends-tu cela, Marie?

— Oui, bonne mère: je t'écoute depuis quelques minutes.

— Revenons à la pendule, dit la maman; mais, comme il n'y en a pas dans cette chambre, voici ma montre, qui va nous être bien utile.

Voyez : quand la grande aiguille arrive sur le nombre III, nous disons quelle marque un *quart* d'heure ;

Quand elle est rendue sur le nombre VI, elle marque deux *quarts* d'heure ou une *demi-heure;*

Arrivé au nombre IX, elle marque *trois quarts* d'heure, et enfin, revenue sur le nombre XII, elle indique encore un quart d'heure, ce qui fait *quatre quarts* ou une heure entière.

Eh bien, l'année se divise aussi en quatre quarts, qu'on appelle les quatre *saisons;* et, puisqu'il y a douze mois dans l'année, chaque saison dure *trois mois* ou un *quart* de l'année.

Ainsi chaque saison correspond à chaque quart indiqué sur le cadran d'une pendule ou d'une montre.

Les quatre saisons sont ainsi nommées : le *printemps*, l'*été*, l'*automne* et l'*hiver*.

Le *printemps*, qui est la première saison ou le premier quart de l'année, commence le vingt et unième jour du mois de *mars* et finit le vingt et unième jour de *juin*.

Alors, l'air est doux ; la terre se couvre de verdure et les arbres de feuilles ; les plantes croissent et l'on voit les plus belles fleurs. Les oiseaux font entendre leurs chants joyeux dans les bois, dans les champs et dans les jardins ; les animaux semblent se ranimer, et les enfants même montrent plus de gaieté au milieu de leurs jeux.

L'*été*, qui est la seconde saison, est celle des plus longs jours et des plus fortes chaleurs. L'*été* commence le vingt-deuxième jour de *juin* et finit le vingt et unième jour de *septembre*.

Dans cette saison, le blé, dont on fait le pain, et divers autres grains mûrissent. Les enfants savent bien qu'alors on voit mûrir aussi les fraises, les groseilles, les cerises, les prunes, les abricots, les pêches, les poires, etc.

L'*Automne*, qui est la troisième saison, commence le vingt-deuxième jour de *septembre* et finit le vingt et unième jour du mois de *décembre*.

Alors la chaleur diminue ainsi que la durée des jours. C'est dans cette saison qu'on récolte d'autres poires, les pommes, les noix, les noisettes, les marrons, les châtaignes, etc.

Enfin l'*hiver*, qui est la quatrième saison, commence

le vingt-deuxième jour de *décembre* et finit le vingt et unième jour du mois de *mars*.

C'est la saison des froids, de la glace, de la neige. Les jours sont courts et les nuits longues. La terre est resserrée et durcie par la gelée.

Les arbres sont dépouillés de leurs feuilles ; les oiseaux ne chantent plus et se mettent à l'abri du vent froid et glacial.

Les grains, semés vers la fin de l'automne, ne sortent point encore de terre. Les troupeaux, ne trouvant plus d'herbes dans les prairies et dans les champs, sont ramenés à l'étable et au bercail, où ils sont nourris d'herbes sèches.

Enfin la terre, en hiver, semble se reposer ; mais, à la fonte de la glace et de la neige, elle recueille de nouvelles forces pour produire de nouveau la verdure, les fleurs et les fruits des autres saisons.

Et un nouveau printemps arrive le vingt et un mars.

Qu'est-ce qu'un siècle ?

La durée de la vie est quelquefois très courte.

Il y a des animaux et même de tout petits enfants qui ne vivent qu'un jour, deux jours, quinze jours.

D'autres vivent un mois, plusieurs mois, un an.

D'autres enfants vivent plusieurs années, comme vous, mes bons chéris, et j'espère que vous vivrez bien longtemps encore, et que vous deviendrez des personnes raisonnables.

Il y a des personnes qui vivent jusqu'à *cent ans* et même plus. La durée de *cent ans* est ce qu'on appelle un *siècle*.

On a quelquefois besoin de compter par siècles, au lieu de compter par années.

Votre grand-papa a maintenant soixante quinze ans, et votre grand'maman, soixante-douze ans.

Mais ils ont été des enfants, comme vous ; ils ont eu, eux aussi, un grand-papa et une grand'maman, qui ne sont plus. Il s'est peut-être écoulé deux cents ans depuis leur naissance, et deux cents ans font deux siècles.

Il y a bien plus longtemps encore, il vint au monde un petit enfant qui fut appelé Jésus, fils de Dieu.

Plus tard, à l'âge de trente-trois ans et quelques mois, il perdit la vie, il mourut, et depuis lors on l'a appelé *Jésus-Christ*.

Eh bien, mes enfants, il y a plus de dix-huit cents ans, c'est-à-dire plus de *dix-huit siècles* que l'enfant Jésus est venu au monde. *Il y a plus de dix-huit siècles que l'on parle de sa douceur, de sa bonté, de sa charité, et de toutes les vertus dont Dieu l'avait comblé pour le montrer en exemple aux enfants et aux hommes.*

Le corps humain.

Le corps humain, c'est le corps d'un homme, d'une femme, d'un enfant, enfin d'une personne.

Le corps se divise en trois parties principales : la *tête*, le *tronc* et les *membres*.

La *tête* est jointe au tronc par le *cou*.

Le dessus de la tête est couvert de cheveux, qui tiennent à la peau par de petites racines, comme les herbes tiennent à la terre. Cette peau est ce qu'on nomme le cuir chevelu.

Les os qui sont sous cette peau forment le *crâne*.

Le derrière du crâne s'appelle l'*occiput*.

Le devant de la tête se nomme la *face*, le *visage*, la *figure*.

On y remarque le *front* dans le haut, le *nez* au milieu, la *bouche* sous le nez et le *menton* en bas.

A droite et à gauche du nez, on voit les *joues*, et plus loin les *oreilles*, l'oreille droite et l'oreille gauche.

Au bas du front sont les *sourcils*, les *yeux* et les *paupières*. Fermer les yeux, c'est rapprocher les paupières l'une de l'autre, et les yeux s'y trouvent renfermés.

Les petits poils qui bordent les paupières sont les *cils*. Les paupières avec les cils protègent les yeux contre la poussière, les petites pailles, les petites plumes et autres petits objets qui voltigent dans l'air, et qui feraient bien mal aux yeux, s'ils y touchaient.

Les deux trous qu'on voit dans le nez sont les *narines*, séparées par une cloison.

Les deux bords de la bouche s'appellent les *lèvres*. La lèvre d'en haut est la *lèvre supérieure*, et celle d'en bas, la *lèvre inférieure*.

On voit, dans la bouche, la *langue* et les deux *mâchoires* avec leurs *dents*.

La mâchoire d'en haut est dite la *mâchoire supérieure*, et celle d'en bas, la *mâchoire inférieure*.

L'espèce de voûte qui se voit au-dessus de la langue, entre les deux rangs de dents de la mâchoire supérieure, se nomme le *palais*.

Quand on parle et quand on mange, la langue s'agite beaucoup; mais, des deux mâchoires, il n'y a que la *mâchoire inférieure* qui remue; l'autre reste immobile.

Aviez-vous fait attention à cela, enfants?

Les dents ont leurs racines dans des trous appelés *alvéoles* des mâchoires. Elles poussent jusqu'à une certaine longueur qu'elles ne dépassent pas.

La chair qui borde les dents forme les *gencives*.

Les hommes et les femmes ont ordinairement trente-deux dents, seize à chaque mâchoire.

Les enfants en ont moins; mais il leur en pousse chaque année. Ils ne les ont guère toutes qu'à l'âge de vingt-cinq ans, environ.

Les dents de devant sont dites *incisives*, parce qu'elles servent à couper ce que l'on mange; le pain, la viande, etc.

A droite et à gauche des incisives, sont les dents *canines*, qui servent à déchirer, à mettre en pièces les aliments, ce que les incisives ne pourraient faire.

Ensuite viennent, plus avant dans la bouche, les grosses dents, qu'on appelle *molaires*, parce qu'elles servent à moudre, à broyer, à mettre en pâte les aliments, à l'aide de la salive qui s'y mêle.

Le tronc du corps humain.

Le *tronc*, qu'on nomme quelquefois le *corps*, est la partie la plus grosse, qui va depuis le cou jusqu'aux jambes.

Sur le devant, on remarque les deux *seins*, l'un à droite et l'autre à gauche; et, entre les deux, on sent un os plat qui descend jusqu'au ventre, et qu'on nomme *sternum* (prononcez : sternomm).

A cet os viennent s'attacher les *côtes :* on les sent bien en y portant la main, à droite et à gauche.

Le devant du tronc, depuis le haut jusqu'au bas des côtes, s'appelle la *poitrine*. Au-dessous se trouve le *ventre*, qu'on appelle aussi *abdomen* (prononcez : abdomènn).

Le derrière du tronc se nomme le *dos*. Là se trouve aussi, au milieu, un gros os qui descend depuis le cou jusqu'au bas du tronc. Ce gros os est appelé l'*épine du dos*, ou l'*épine dorsale*, ou la *colonne vertébrale*, composée d'une série d'os.

A cette colonne vertébrale, et vers le haut, sont fixées les côtes, qui entourent le corps et vont s'attacher au *sternum*.

Le bas du dos se nomme les *reins*.

Dans le haut du tronc, la partie qui s'étend depuis le cou jusqu'à la naissance du bras s'appelle l'*épaule*. Il y a l'épaule droite et l'épaule gauche.

Derrière l'épaule, est un os large et plat nommé *omoplate*.

Le *buste* se compose de la tête, des épaules, d'une partie des bras et d'une grande partie du tronc.

Les membres du corps.

Les membres du corps sont les *bras* et les *jambes*. Il y a le bras droit et le bras gauche ; la jambe droite et la jambe gauche.

Le creux que l'on trouve sous le bras se dit l'*aisselle*. Il y a deux aisselles, la droite et la gauche.

Quand on plie le bras de manière à diriger la main vers l'épaule, on sent derrière le bras un os assez saillant : cette partie du bras est le *coude*.

Le bas du bras, où se termine la manche de la chemise ou du vêtement, se nomme le *poignet*.

Après le poignet, vient la *main*, et il y a deux mains, la main droite et la main gauche.

Le dedans de la main se nomme la *paume* de la main.

A chaque main, il y a cinq *doigts* et cinq *ongles*.

Quand on ferme la main, en rentrant les doigts, l'ensemble de la main ainsi arrondie est le *poing*.

Des cinq doigts, celui qui paraît le plus court et le plus gros se nomme le *pouce*;

Celui qui vient ensuite est l'*index* ou l'*indicateur*, parce que c'est avec ce doigt qu'on indique l'objet sur lequel on appelle l'attention ;

Le troisième, qui est le plus long, est le *medium* (prononcez : *médiomm*) : il est ainsi nommé parce qu'il est au milieu ;

Le quatrième porte le nom d'*annulaire*, parce que c'est à ce doigt qu'une femme met un anneau ;

Enfin, le cinquième et dernier est appelé *auriculaire*

ou le *petit doigt*, parce que c'est le plus petit, et qu'on le fait entrer quelquefois dans l'oreille.

On nomme *phalanges* les os qui concourent à former les doigts. La *phalange* se termine au point où le doigt se plie. On compte quatorze *phalanges* à chaque main et à chaque pied.

Le pouce a deux phalanges seulement, et les autres doigts en ont chacun trois.

Au-dessous des côtes, à droite et à gauche du ventre, se trouve le *flanc*, et il y a le flanc droit et le flanc gauche.

Au-dessous du flanc, on sent une tête d'os, un gros os : c'est la *hanche*, et il y a la hanche droite et la hanche gauche.

Quand on s'assied, on plie les jambes, et l'endroit où la jambe fait un coude se nomme le *genou*. On y remarque un os plat appelé *rotule*.

Le derrière du genou s'appelle le *jarret*.

La partie de la jambe qui s'étend depuis la hanche jusqu'au genou est la *cuisse*.

La *jambe* proprement dite s'étend depuis le genou jusqu'au pied. Jambe droite et jambe gauche.

Le derrière de la jambe, qui est charnu et arrondi, se nomme le *mollet*, parce qu'il est mou et sans os.

Au bas de la jambe, à droite et à gauche, on sent un os saillant appelé la *cheville*.

Enfin, au bout de la jambe se trouve le *pied*, et l'on dit encore le pied droit et le pied gauche.

Le derrière du pied se nomme le *talon*.

Le dessous du pied se dit la *plante du pied.*

Le dessus du pied, là où il forme un petit sommet, une petite montagne, s'appelle le *cou-de-pied.*

Au bout du pied sont les *doigts de pied.* Il y a cinq doigts à chaque pied, comme à chaque main, et chaque doigt de pied a aussi un ongle.

Le plus gros doigt de pied est appelé l'*orteil.*

Les deux pieds ont dix doigts et dix ongles, et vingt-huit phalanges, comme les deux mains.

Les bras sont dits les *membres supérieurs,* parce qu'ils se trouvent vers le haut du corps ; les jambes sont dites les *membres inférieurs,* parce qu'elles sont en bas, à la partie inférieure du corps.

Il faut remarquer que la plupart des parties visibles du corps humain sont doubles.

Ainsi nous avons *deux sourcils,* deux *yeux,* deux *narines,* deux *joues,* deux *oreilles,* deux *lèvres,* deux *mâchoires,* deux *épaules,* deux *bras,* deux *coudes,* deux *poignets,* deux *mains,* deux *poings,* deux *genoux,* deux *jarrets,* deux *pieds,* deux *talons,* etc.

Les cinq sens.

Nous avons en nous cinq facultés ou manières de sentir, de comprendre et de distinguer les objets qui nous environnent.

Ces cinq facultés sont appelées les *cinq sens,* et les parties de notre corps qui possèdent ces sens sont nommées les *organes* des sens, les instruments des sens.

Les cinq sens sont : la *vue*, l'*ouïe*, l'*odorat*, le *goût* et le *toucher* ou *tact*.

L'*œil*, par exemple, est l'organe de la *vue*.

Avec les yeux, disait Alfred, je vois mon père, ma mère, mon frère, ma sœur,... le soleil, la lune, les étoiles, les arbres, les fleurs, les oiseaux, tous les objets qui sont à ma portée.

L'*oreille* est l'organe de l'*ouïe*.

Avec tes oreilles, Julie, tu entends la voix de quelqu'un qui te parle, le son de la cloche, un air de musique, le bruit d'un objet qui tombe ou qui en touche un autre.

Le *nez*, par les narines, est l'organe de l'*odorat*.

Avec le nez, on perçoit les odeurs. On sent, on distingue certaines choses par leurs odeurs, même sans les voir, comme une rose, une orange, un citron, le muguet, la violette, etc. Il y a de bonnes et de mauvaises odeurs.

La *langue* et le *palais* forment l'organe du *goût*.

Avec la langue et le palais, on fait la différence des choses qu'on se met dans la bouche.

Ainsi, Alfred, si je te mettais dans la bouche, sans te le montrer, un morceau de sucre d'abord, puis quelques grains de sel, saurais-tu faire la différence ?

— Oh ! j'en suis bien sûr, et je n'aurais pas besoin d'ouvrir les yeux pour te regarder faire.

— Tu comprends alors qu'il en serait de même pour une cuillerée de miel et une cuillerée de soupe ; pour un morceau de gâteau et un morceau de pain ; pour du poisson et de la viande, etc.

La *main* est le principal organe du *tact* ou *toucher*.

Avec les mains, on touche un vêtement, un mouchoir, un chapeau, un couteau, une fourchette, une cuiller, une serviette, une assiette, un verre, une tasse, une plume, un cahier, un livre, et mille autres objets.

Même sans le secours des yeux on distingue certains objets. Ainsi, Julie, si je te mettais tour à tour dans les mains un couteau, un verre, une cuiller, une fourchette, une bottine, un soulier, un bas, un gant, etc., les reconnaîtrais-tu sans les voir?

— Oh! bien certainement, bon père.

— Quand tu passes la main sur le dos du gros chat, puis sur le dos du chien du berger, trouves-tu de la différence?

— Oui, papa. Le poil du chat est bien doux, et celui du chien est rude.

De même, si je plonge ma main dans l'eau qui sort du puits, et ensuite dans celle que je vois près du feu, je trouve une grande différence : l'une est froide et l'autre est chaude.

— C'est vrai, ma chère fille, et nous pourrions, tous les trois, citer mille exemples où notre tact s'exerce même sans que nous y fassions attention.

Mais il faut que vous remarquiez, mes enfants, que le tact ou toucher ne se produit pas seulement par les mains, il se produit par toutes les parties de notre corps.

Ainsi, quand je mets mon chapeau sur ma tête, c'est ma tête qui le sent, qui le touche ; si je veux avaler une cuillerée de soupe un peu trop chaude, ce sont mes lèvres qui le sentent et qui repoussent la cuiller ; si tu marches sans chaussures, le matin, en te levant, ce sont tes pieds et non tes mains qui sentent le froid ; quand nous prenons nos vêtements, le matin, c'est tout notre corps qui se sent garanti de l'air froid.

Le sens du tact ou toucher s'exerce donc sur toutes les parties du corps. L'air même nous touche de toutes parts, au travers de nos vêtements, et c'est pour cela que nous disons : J'ai froid aux mains, aux pieds, à la figure, etc. ; ou bien : J'ai grand chaud, la chaleur m'accable ; la chaleur du foyer me brûle, etc.

Répétons donc que les *cinq sens* sont les diverses manières de sentir et de reconnaître les choses qui nous environnent.

Bonne résolution d'un enfant.

Bonne mère, je viens t'embrasser avant de m'en aller en classe.

—Adieu, mon bon Jules. Tiens, embrasse-moi bien encore une fois.

Tu sais ce que je t'ai recommandé hier, avant-hier ; ce que je te recommande tous les jours ?

—Oui, maman : je serai bien sage en classe ; je dirai bonjour à mon maître, à tout le monde ; je m'appliquerai bien à lire, à écrire, à compter ; je tâcherai de ne pas me faire gronder, et tu seras bien contente, n'est-ce pas, bonne mère ?

—Oui, oui, mon ami, et ton bon père aussi, va. Nous sommes heureux, quand tu rentres avec ta bonne face toute riante et ta course joyeuse pour te jeter dans nos bras !

— Mais tu sais, maman, que tu dois me raconter quelque chose, si je fais bien mes devoirs, et si mon maître est assez content de moi ?

— Je tiendrai ma promesse, si tu tiens celle que tu m'as faite : cela dépend de toi.

— Oh ! sois tranquille : j'aime trop à entendre raconter des histoires pour manquer à ma promesse.

— Allons, va, mon gros chat. Amuse-toi bien à la récréation ; sois bon camarade ; mais ne t'échauffe pas trop à courir, comme tu le fais quelquefois, et ne rentre pas tout en nage.

— Adieu, mère. — Adieu, mon chéri.

La double satisfaction.

Maman, maman ! où es-tu ?

— Eh, mon Dieu ! Que me veux-tu donc ?

— Tiens, regarde ma note : *Lecture* bien ; *écriture*, propre, soignée ; *calcul*, assez bien ; *leçons par cœur*, très bien ; *conduite*, bonne.

— Donne ces deux grosses joues à ta mère, qu'elle les embrasse bien fort.

— Ah ! voici papa. Ne dis rien, maman !

Papa, serais tu content, si j'avais de bonnes notes pour mes devoirs et ma conduite d'aujourd'hui ?

— Oh ! tu ris, Jules ; tu es gai ; tes yeux me disent qu'il y a quelque chose de bon là-dessous.

— Tiens, bon père, regarde.

— Mais, tout cela est bien, très bien, mon ami.

Voilà comment tu nous rendras heureux, ta bonne mère et moi.

Dis-moi, maintenant : es-tu content, toi-même?

— Oh! oui, papa.

— Et pourquoi?

— Parce que je sais que cela vous fait plaisir à tous deux.

— Mais n'éprouves-tu pas une autre satisfaction pour toi seul encore ?

— Je ne sais pas trop comment expliquer cela, mais je me trouve plus libre, plus à l'aise; je me sens plus joyeux, et puis je songe au plaisir que ma bonne mère et toi en ressentez ; je pense à mon maître, qui me dit : *mon ami, mon enfant,* au lieu de m'appeler par mon nom seulement : enfin, je suis content.

Embrasse-moi encore, maman ; et toi aussi, père.

— Tu fais bien, mon enfant, de songer aussi à ton maître, car son contentement fait le nôtre, comme tu viens de le voir. C'est lui qui nous remplace près de toi, quand tu es en classe; c'est lui qui t'instruit, et qui se donne tant de peine, pour faire de vous tous des enfants sages, dociles et instruits, et pour montrer en eux, plus tard, des hommes utiles à leurs semblables.

L'histoire promise.

— Charles, Julie, Paul, venez donc vite ; maman va nous raconter l'histoire qu'elle m'a promise, parce que j'ai bien fait mes devoirs, et que j'ai été sage en classe,

— Mon ami, dit la maman, me voici à ta disposition. Tu m'as demandé, je crois, de te parler de la création du monde...

— Oui, maman. Dis-nous, je te prie, ce que c'est que l'*univers* ; comment le bon Dieu l'a fait et avec quoi, car je ne comprends pas cela.

— Mes chers enfants, vous faites bien de demander ainsi des explications sur ce que vous ne comprenez pas : c'est le meilleur moyen de vous instruire, et de former votre jugement en toutes choses.

On entend, par l'*univers*, la terre et le ciel, avec tout ce qu'ils renferment.

La *terre* ou le globe terrestre, habité par les hommes et les animaux, comprend la terre proprement dite, les eaux des mers, les fleuves, les rivières, les îles, les montagnes, les arbres, les plantes diverses, et elle renferme dans son sein un grand nombre de matières telles que la pierre, le charbon, le fer, le cuivre, l'or, l'argent, etc.

Le *ciel*, qu'on appelle aussi *firmament*, est cet espace immense qui apparaît tout autour de la terre, qui nous semble comme une belle et magnifique voûte, quand il fait beau, et où l'on voit briller le soleil, la lune et a multitude des étoiles qui se montrent le soir.

C'est l'ensemble des choses qui se trouvent au ciel et sur la terre que l'on appelle *univers*.

C'est Dieu, mes enfants, qui a créé tout cela.

Tu me demandes, mon cher Jules, comment le bon Dieu l'a fait.

Il l'a fait par sa propre volonté et par sa toute-puissance, sans rien autre chose.

Aussitôt que Dieu l'a voulu, il a créé le soleil, la lune, les étoiles, la terre, les eaux, les arbres, les plantes, les animaux de toutes les espèces, et enfin l'homme, qu'il a doué de la parole et d'une intelligence propre à reconnaître et à aimer l'auteur de tant de merveilles, le Dieu créateur.

— L'homme a-t-il été créé en dernier lieu, comme tu viens de le faire entendre en le nommant après toutes les autres choses?

— Oui, mon ami, et il en devait être ainsi certainement ; car, si l'homme avait été créé le premier, il eût manqué de lumière, et il n'eût pas trouvé sur la terre sa nourriture, et toutes les autres choses nécessaires à son existence.

Tu me parais tout pensif, mon bon Jules; à quoi réfléchis-tu en ce moment?

— C'est que, vois-tu, maman, je ne comprends pas bien que le bon Dieu ait pu faire tant de choses tout seul.

— Voyons, mes enfants, écoutez-moi bien.

Qui est-ce qui a fait ta petite table à ouvrage, Julie?

— C'est le menuisier, bonne mère.

— Est-ce bien vrai ? le crois-tu fermement?

— Oui, maman, et j'en suis sûre, car, lorsque je suis allée chez lui pour le presser de l'envoyer, j'ai vu un ouvrier qui finissait ce petit tiroir.

— Et ton chapeau, Charles, qui est-ce qui l'a fait?

— Maman, c'est le chapelier.

— Et toi, Paul, dis-nous qui a fait cette maison, où l'on voit des murs, des planchers, une toiture, des portes, des fenêtres, des serrures, des clefs, etc.

— Oh! pour tout cela, maman, il a fallu beaucoup d'ouvriers : des tailleurs de pierre, des maçons, des charpentiers, des couvreurs, des menuisiers, des serruriers, etc.

— As-tu vu faire une montre, une pendule?

— Non, maman, mais j'ai entendu dire à papa que c'est l'horloger qui les fait.

— Eh bien, mes chers enfants ; vous voyez et vous comprenez très bien que les maisons que nous habitons, les meubles dont nous nous servons, les vêtements qui nous couvrent, les divers instruments et les milliers d'objets que nous employons pour notre utilité ou pour notre agrément sont faits par la main des hommes.

Avez-vous jamais entendu dire qu'un homme ait fait, si ce n'est en image, un arbre, un chêne, par exemple, un poirier, un grain de blé, une rose, une simple violette ?

— Oh! non certainement; c'est impossible, maman, n'est-ce pas ?

— Et comment s'y prendrait-on, mes bons amis, pour créer des racines aux arbres, pour faire grandir la plante, lui donner la force de produire des branches, des feuilles, des fleurs et des fruits ?

Et cependant ces choses existent ; vous les voyez tous les jours. Ces choses ne se sont pas faites toutes seules, pas plus que nos maisons et nos meubles ne se sont construits tout seuls.

Si le plus savant des hommes est incapable de créer

un simple grain de blé, qui donc a fait ce grain de blé, ces plantes, ces arbres, ces métaux, ces eaux, ces montagnes, ce soleil, cette lune et ces innombrables étoiles que nous voyons briller au ciel ?

Vous devez reconnaître maintenant, mes chers enfants, que ce grand tout, qu'on appelle l'univers, est l'ouvrage d'un être bien supérieur à l'homme, d'un être bien plus parfait, plus puissant que lui ; et cet être, c'est Dieu, infiniment grand, infiniment puissant, juste et bon.

Pourquoi faut-il prier Dieu ?

Bonne mère, dit Julie, puisque tu as été assez contente de nous, aujourd'hui, veux-tu nous raconter encore quelque chose ?

— Oui, ma chère fille. As-tu quelques questions à m'adresser ?

— Pourquoi, maman, nous dis-tu toujours de prier le bon Dieu, le matin et le soir ? Est-ce que cela est nécessaire ?

— Oui, certes, ma chère enfant.

Si tu as besoin d'une robe, d'un bonnet, d'un objet quelconque, comment fais-tu pour l'avoir ?

— Bonne mère, je te prie alors de me le donner ou de me l'acheter ; et, quand je l'ai obtenu, je t'embrasse bien pour te montrer le plaisir que tu m'as fait, et je te remercie de ta bonté pour moi.

— Et si je ne te le donnais pas, comment pourrais-tu te le procurer ?

— J'en serais privée, maman, puisque je ne sais pas encore assez bien travailler pour le faire, et que je n'ai pas d'argent pour acheter moi-même les choses dont je puis avoir besoin.

— Tu es donc obligée de t'adresser à moi, et de me prier de te procurer toutes ces choses ?

— C'est vrai, bonne mère.

— C'est vrai, répétèrent Charles et Paul.

— Eh bien, mes bons enfants, réfléchissez bien à la toute-puissance du Dieu créateur.

Il veut que le soleil paraisse tous les jours, et qu'il réchauffe la terre de ses rayons.

Cette terre, réchauffée d'abord, puis humectée par les pluies qui tombent des nuages comme d'un immense arrosoir, reçoit la force nécessaire pour produire les herbes, les plantes et les arbres. Ces plantes et ces arbres donnent des fleurs, et aux fleurs succèdent les fruits qui servent de nourriture aux hommes et aux animaux.

Si ce Dieu tout-puissant voulait nous priver de ces biens ; s'il obscurcissait tout à coup le soleil et enlevait la lumière à la terre entière, qu'arriverait-il ?

Nous serions tous plongés dans les ténèbres ; la terre refroidie ne produirait plus de plantes d'aucune espèce, et nous péririons tous.

Comprenez-vous maintenant, enfants ?

— Oh ! oui, bonne maman.

Nous devons prier Dieu de nous donner notre pain quotidien ou de chaque jour, et de continuer à faire naître le blé qui sert à le produire.

— Oui, mes bons amis.

Nous avons en nous un souffle de vie que nous appelons l'âme, et qui nous permet de connaître, par l'étude, toutes les beautés, toutes les merveilles de la création.

Ce don de Dieu doit donc exciter en nous les meilleures pensées, les meilleurs sentiments pour aimer et prier l'auteur de toutes choses, afin de mériter ses bienfaits, et de nous conduire avec sagesse dans tous les actes de la vie.

A votre âge, mes enfants, une simple prière, une grande docilité aux conseils qu'on nous donne, et un profond respect pour vos parents qui vous nourrissent et pourvoient à tous vos besoins, pour vos maîtres et vos maîtresses qui vous instruisent, sont les choses les plus agréables à Dieu et aux hommes.

En dehors de vos autres prières, je vous recommande celle-ci, que vous avez déjà vue dans votre syllabaire, et qui a été composée par une bonne mère pour les petits enfants bien sages :

Notre Père des cieux, Père de tout le monde,
De vos petits enfants, c'est vous qui prenez soin ;
Mais à tant de bontés vous voulez qu'on réponde,
Et qu'on demande aussi, dans une foi profonde,
    Les choses dont on a besoin.

Vous m'avez tout donné, la vie et la lumière,
Le blé qui fait le pain, les fleurs qu'on aime à voir,
Et mon père et ma mère, et ma famille entière ;
Moi, je n'ai rien pour vous, mon Dieu, que la prière
    Que je vous dis matin et soir.

Notre Père des cieux, bénissez ma jeunesse !
Pour mes parents, pour moi, je vous prïe à genoux :
Afin qu'ils soient heureux, donnez-moi la sagesse ;
Et puissent leurs enfants les contenter sans cesse,
    Pour être aimés d'eux et de vous !
                  (Madame Amable Tastu.)

Plusieurs fois déjà, enfants, vous avez parcouru les jardins, les prairies, les vergers et les champs.

Vous savez quel admirable tableau nous offre la campagne dans chaque saison.

Vous savez qu'au printemps, la terre est parée de milliers de fleurs diverses qui, en réjouissant nos regards, montrent la puissance de l'être suprême dans ces beautés sans cesse renouvelées à la même saison.

En été, les champs sont couverts de blés et autres grains destinés à faire le pain pour les hommes ; et les prairies fournissent en abondance les herbes pour la pâture des animaux qui nous servent.

En automne, vous le savez encore, les vignes sont chargées de grappes de raisin qui produisent le vin ; puis on voit les pommes et les poires mûrir sur les arbres destinés à les faire naître.

Et combien d'autres fruits, que je ne nomme pas, et que nous aimons tant à voir et à cueillir !

— C'est vrai, maman, interrompit Julie, tu n'as pas parlé des fraises, des groseilles, des framboises, des prunes, des abricots, des pêches, des noisettes, dont nous sommes si friands, mes frères et moi.

— Je voulais, ma chère fille, te laisser le plaisir de les nommer, comme je vous ai laissé souvent à vous tous celui de les cueillir, pour vous en régaler avec vos camarades.

Mais si Dieu, en créant la terre, lui a donné la force de produire et de reproduire sans cesse les fruits nécessaires à la nourriture de l'homme, il a aussi imposé à l'homme l'obligation de cultiver cette terre.

Les premiers hommes sur la terre.

On dit que les premiers hommes, n'ayant aucune industrie, aucune instruction, se nourrissaient des glands qui tombaient des chênes, et de quelques fruits sauvages.

Ils passaient leur vie au milieu des forêts, parmi les animaux, et ils n'avaient pour demeures que les cavernes des rochers.

Bientôt ils apprivoisèrent certains animaux, qu'ils conduisaient aux pâturages, dans le voisinage des courants d'eau.

Ils se nourrissaient de leur chair, et ils se servaient de leurs peaux pour vêtements.

— Bonne mère, dit Paul, est-ce que les petits enfants n'étaient pas vêtus comme nous? Est-ce qu'ils ne mangeaient pas comme nous de bonnes tartines de beurre ou de confitures, des biscuits et autres bonbons? Est-ce qu'ils n'avaient pas, comme nous en avons, des images, des poupées, des polichinelles, des soldats, des cerceaux, des toupies, des billes, des tambours, et tant d'autres joujoux?

— Non, mes chers amis. Les hommes étaient ignorants et ils ne savaient rien produire.

Aussi les enfants vivaient presque tout nus, hiver

comme été. Les mères les réchauffaient contre leur sein, comme les oiseaux réchauffent leurs petits dans leur nid, sous leurs ailes. Quand elles le pouvaient, elles les enveloppaient dans des peaux d'animaux. Puis, quand ils avaient un peu grandi, le père et la mère les envoyaient chercher des glands et des fruits sauvages pour leur nourriture.

Ah ! dame, il n'y avait pas alors de tailleurs d'habits, de tailleuses de robes, ni de fabricants de toiles et d'étoffes. Il n'y avait pas de blé, et l'on ne savait point préparer la farine pour en faire du pain.

Il n'y avait non plus ni fabricants ni marchands de jouets d'enfants, de bonbons et de confitures.

— Mon Dieu, maman, dit Charles, combien ils étaient malheureux, combien ils devaient souffrir, ces pauvres petits êtres !

— Oui, mes enfants, et vous le reconnaissez, vous, qui avez des vêtements bien chauds, du linge bien propre, une nourriture saine et abondante ; vous qui avez des bonbons et des jouets, quand vous êtes dociles et sages.

Cela vous fait voir, mes bons amis, que cet état de misère était dû à l'ignorance des premiers hommes, qui ne travaillaient pas, faute d'instruction, et qui étaient obligés de vivre comme les animaux, en cherchant et en ramassant leur chétive nourriture.

Cela vous avertit enfin que l'homme, dès son enfance, doit s'instruire et travailler pour préparer son bien-être et perfectionner sa raison. C'est la loi que Dieu a imposée à l'homme par le magnifique spectacle de la création.

Travail et industrie.

Peu à peu les hommes se multiplièrent. Devenus plus nombreux, ils se trouvèrent plus souvent les uns en face des autres.

Bientôt, des groupes d'hommes, de femmes et d'enfants se formèrent dans les forêts et dans les grottes plus ou moins profondes des rochers.

Ils devaient nécessairement, dans ce cas, se communiquer leurs premières pensées et ensuite leurs réflexions sur les moyens de se défendre contre les animaux féroces, et se garantir contre les intempéries des saisons.

Les branches des arbres et les pierres furent sans doute leurs premières armes, leurs premiers instruments.

Ils ne tardèrent pas à s'apercevoir que le choc de deux pierres dures produisait des étincelles, et ce choc, répété près d'un tas de broussailles et de feuilles sèches, finit par les enflammer : l'homme venait ainsi de découvrir l'usage du feu. On croit aussi que ce fut par le frottement de deux morceaux de bois, comme le font encore les hommes sauvages.

Il y eut alors grande joie, grande fête parmi les pères, les mères et les enfants.

Dans la saison d'hiver, où la rigueur du froid convertit l'eau en glace et la pluie en neige, les pauvres mères et leurs petits bébés tout nus pouvaient réchauffer leurs membres engourdis.

Les hommes allaient à la chasse, et rapportaient aux mères et aux enfants les animaux qu'ils avaient tués,

On se nourrissait de la chair de ces animaux, et l'on se couvrait de leurs peaux.

Depuis la découverte du feu, on s'aperçut qu'il se conservait sous la cendre, et l'on eut grand soin de l'entretenir.

Jusque-là, les hommes n'avaient mangé la viande que toute crue : ils pouvaient désormais la faire cuire.

En restant quelque temps dans un même endroit, les hommes remarquèrent qu'un gland, un noyau de fruit, restés à la surface de la terre, s'y étaient desséchés, tandis que d'autres, plus enfoncés, avaient germé dans la terre, et avaient produit de petits arbustes, qui devinrent plus tard des arbres chargés de fruits.

D'autres firent les mêmes observations sur les grains de certaines plantes, et l'on ne tarda pas à reconnaître que, pour améliorer les plantes alors sauvages, il fallait leur donner des soins attentifs et renouvelés, comme on en donnait sans doute aux petits animaux qu'on voulait apprivoiser et attacher à son service.

Vous devez comprendre, mes enfants, que ce fut là l'origine de la culture de la terre.

— Oui, bonne mère ; mais que les pauvres petits enfants devaient être tristes et affligés dans une si grande misère, dans les forêts et parmi les animaux !

— J'en ai peur comme si j'y étais, dit Julie.

— Il est vrai, mes amis, que ces pauvres enfants étaient loin d'être heureux comme vous l'êtes, vous qui avez presque tout ce que vous désirez.

Les animaux que les hommes avaient apprivoisés, tels que les bœufs, les vaches, les taureaux, les génisses, les chevaux, les chèvres, les moutons, les brebis avec leurs petits agneaux, se nourrissaient de l'herbe des prairies et des feuilles des arbres ; mais l'homme n'était pas destiné à vivre de cette nourriture.

Enfin l'*agriculture* ou labourage de la terre, pour la reproduction et la perfection des plantes utiles à l'alimentation des hommes, fut leur première profession. C'est en effet l'agriculture qui mérite le plus d'estime et de considération, puisque sans elle les hommes auraient continué à vivre dans un état sauvage.

En même temps que l'agriculture, naquirent les premiers arts industriels. L'homme, en observant et en réfléchissant, employa son intelligence à créer des instruments qui devaient, en diminuant sa peine, perfectionner son travail.

La charrue, premier instrument du labourage, fut inventée. Ce premier instrument fit bientôt songer à un autre, puis à un troisième, et ainsi de suite.

En creusant la terre, le laboureur y découvrit le fer, le cuivre et divers autres métaux.

A l'aide du feu, il fit fondre le fer, et le premier usage qu'il en fit, sans doute, fut d'en fabriquer des socs de charrue. Alors la terre fut creusée plus profondément et elle devint plus fertile.

Mais les hommes étaient d'abord si ignorants, qu'il leur fallut bien des siècles avant de parvenir à produire ces perfectionnements dans leurs travaux.

Avec le fer forgé, l'homme put tailler la pierre et le bois.

Avec la pierre, le fer et le bois, l'homme conçut tout

naturellement l'idée de se construire un abri, et c'est ainsi, mes bons amis, que le besoin, secondé de la réflexion, et le désir plus vivement senti de vivre moins misérablement, leur inspirèrent le goût du travail et les rendirent industrieux.

On ne connaissait ni palais ni châteaux, ni hôtels ni belles et commodes maisons, comme on en voit aujourd'hui.

Des pierres, grossièrement taillées et entassées sans ordre les unes sur les autres, sans ciment; des portes sans serrures et composées seulement de branches d'arbres ou de morceaux de bois mis en croix; un toit couvert de chaume : telle était une maison, telle était la chétive demeure des hommes de ce temps-là.

Mais du moins ils y étaient à couvert et plus en sûreté que dans les cavernes des forêts ; ils y étaient mieux garantis contre la voracité des bêtes féroces qui les environnaient.

Dans tout ce que nous venons d'observer sur la culture de la terre, sur les premiers instruments des hommes pour se nourrir et pour protéger leur existence, nous voyons les premiers résultats du travail et de l'industrie.

Le travail, le travail qu'on appelle *manuel*, parce qu'on y emploie les mains, c'est l'occupation du corps; l'industrie, c'est le perfectionnement du travail par l'application de l'intelligence.

Le besoin de vivre oblige l'homme à travailler, et la terre l'invite à ce travail.

Le désir de mieux vivre engage l'homme à réfléchir,

il se rendre compte de tout ce qui l'environne, et il applique son esprit à perfectionner les premiers instruments du travail et à en découvrir de nouveaux.

C'est ainsi, mes chers enfants, que se sont découverts et perfectionnés les divers métiers dont s'occupent les hommes depuis plusieurs siècles.

Pour les enfants comme vous, on ne peut pas les forcer à un travail pénible, parce que leurs membres sont trop faibles pour cela; mais on veut les instruire de bonne heure pour les faire réfléchir et observer, afin que, devenus grands, ils puissent également se rendre utiles à eux et à leurs semblables.

Étudier, c'est faire l'apprentissage du travail.

Les métiers.

Le jeune Joseph, enfant du voisinage, qui avait entendu tout ce que la maman avait raconté, s'approcha, et dit : Madame, j'ai appris à distinguer quelques métiers, et, si vous voulez, je vous les citerai.

— Je le veux bien, mon ami. Nous t'écoutons.

— Le premier de tous les métiers, dit Joseph, est l'agriculture ou culture de la terre, parce que c'est de la terre que nous tirons notre principale nourriture, le pain.

L'*agriculteur*, après avoir labouré la terre, y sème le blé, le chanvre, le lin et divers autres grains; il y plante la vigne, les arbres fruitiers et diverses autres plantes.

Pour ne parler que du blé, il faut remarquer qu'un

seul grain, mis dans la terre, produit une longue tige au haut de laquelle se trouve une tête appelée *épi*. Cet épi renferme jusqu'à quarante, cinquante, soixante grains de blé.

Le *laboureur* retire donc de la terre, par son travail, quarante, cinquante, soixante fois plus de grains de blé qu'il n'en a semé.

Le *meunier* reçoit le blé en grains et le fait moudre à son moulin pour le réduire en farine.

La farine, dégagée du son ou écorce du grain, est délayée dans de l'eau par le *boulanger*, qui en fait de la pâte. Ensuite il divise cette pâte en plusieurs parties, les unes rondes, les autres allongées; il les introduit dans un four bien chauffé à l'avance, et il obtient ainsi le pain que nous mangeons tous les jours.

C'est encore avec de la farine que le pâtissier fait les biscuits, les gâteaux et la plupart des bonbons que nous aimons, et qui nous viennent du travail du laboureur.

Pour les maisons que nous habitons et où nous sommes à l'abri du vent, de la pluie, du froid et même des ardeurs du soleil, un grand nombre de métiers concourent à leur construction et à leurs ornements.

Il y a : le *tailleur de pierres* et le *maçon*, qui préparent les pierres et les assujettissent convenablement pour la construction.

Le *charpentier* taille les grosses pièces de bois sur lesquelles on pose les planchers, et celles qui servent à la toiture de la maison.

Le *menuisier* fait les planchers, les croisées, les contrevents, les volets, ainsi que les meubles des appartements, tels qu'armoires, commodes, lits, tables, etc.

Le *chaisier* fait les chaises où nous nous asseyons.

Le *couvreur* pose les tuiles ou les ardoises sur la toiture en pente qui couvre le haut de la maison, afin que la pluie, au lieu de tomber au dedans, s'écoule promptement au dehors.

Le *vitrier* coupe les carreaux de vitre et les pose aux croisées, afin que la clarté du jour pénètre dans les chambres sans que le vent et la pluie puissent y entrer.

Le *serrurier* fait les serrures et les clefs qui servent à fermer les portes, les armoires et les tiroirs.

Le *plâtrier* met une couche de plâtre aux murs à l'intérieur des pièces, pour les embellir en les rendant plus blanches ; il en met aussi aux planchers qui sont au-dessus de nos têtes, et ces planchers sont appelés les *plafonds*.

Le *peintre* met de la peinture aux boiseries, quelquefois même sur le plâtre.

Le *tapissier* colle du papier peint sur les murs, à l'intérieur des pièces ou chambres, pour les orner et les embellir davantage. Il garnit les fauteuils, les lits, les croisées d'étoffes diverses, pour donner à la pièce un air de toilette et de propreté qui fait l'agrément des personnes qui l'habitent.....

— C'est très bien, mon cher Joseph, et je te remercie de tous ces détails, qui prouvent que tu as réfléchi et que tu as fait attention à ce que tu as vu faire. C'est ainsi que les enfants s'instruisent en cherchant à se rendre compte de ce qui se passe autour d'eux, et en interrogeant les personnes qui peuvent leur expliquer ce qu'ils ne comprennent pas encore.

Il y a une multitude d'autres métiers dont nous parlerons plus tard, et que vous finirez d'ailleurs par connaître en avançant en âge, tels que ceux qui ont pour objet les vêtements, les divers ustensiles de ménage, et même les outils dont se servent les ouvriers.

Ainsi le *laboureur* ne fait pas le soc de sa charrue, la pioche et la bêche dont il se sert, la faux avec laquelle il coupe le blé : c'est le forgeron.

Le *coutelier* fait les couteaux, et aussi les ciseaux dont se servent le tailleur et la tailleuse. Le *tanneur* prépare le cuir qu'emploie le *cordonnier*.

Le *chapelier* ne fait pas le carton, le feutre, la soie, le drap, la peau, la bordure, etc., qui entrent dans la composition d'un chapeau : ces objets appartiennent à d'autres métiers, et je pourrais vous citer des centaines d'autres exemples ; mais ce serait trop long.

Cependant réfléchissons un peu sur ce que nous avons dit du travail et de l'industrie.

Les hommes, en se rapprochant, en se groupant et en se communiquant leurs réflexions, sont parvenus, peu à peu, à faire naître ou à produire les choses les plus nécessaires à leur existence ; puis ils se sont construit des habitations pour se mettre à couvert ; ils ont inventé des instruments de travail ; ils ont perfectionné ces instruments ; et, à force d'étudier et de réfléchir, ils sont arrivés à créer des choses merveilleuses pour la commodité et l'agrément de la vie. C'est ce que vous reconnaîtrez quand vous serez plus grands et plus instruits, mes chers enfants.

Mais, d'abord, les hommes ne voulurent plus vivre pêle-mêle, comme dans les premiers temps.

Les pères, les mères et les enfants, jusque-là confondus, songèrent à se diviser en petits groupes, et l'on vit bientôt un seul père, une seule mère et leurs enfants réunis dans une petite maison ou maisonnette.

C'est ce petit groupe qu'on appelle une *famille*.

Plus tard, on a construit de grandes maisons où sont logés plusieurs groupes ou familles, mais chaque famille occupe une partie séparée dans ces grandes maisons.

La famille.

Qu'est-ce que la famille ?

La famille se compose du père, de la mère et de leurs enfants.

Par exemple, monsieur Duval, c'est le père ; madame Duval est la mère ; Émile et Lucie Duval sont les enfants.

Monsieur Duval est dit le *mari* de madame Duval, et celle-ci est dite la *femme* de monsieur Duval.

Monsieur et madame Duval sont deux *époux*.

Le père, la mère et les enfants sont appelés les *membres* de la famille, comme les bras et les jambes sont les membres du corps : ils en sont inséparables.

La mère et les enfants ont le même *nom* que le père.

Ainsi l'on dit : madame Duval, Émile Duval, Lucie Duval.

Émile est dit le *fils*, et Lucie la *fille* de monsieur et madame Duval.

Émile est le *frère* de Lucie, et Lucie est la *sœur* d'Émile.

Émile, venu au monde le premier, est dit le *premier-né* ou *l'aîné* des enfants Duval ; Lucie, venue au monde plus tard, la dernière, est *le plus jeune* des enfants Duval.

Il faut que les petits enfants retiennent bien dans leur mémoire le nom de leur papa.

Quand une personne demande à Émile comment il s'appelle, il ne doit pas répondre seulement : Je m'appelle *Émile* ; il doit dire : *Émile Duval*.

Les noms de Charles, Émile, Georges, Jules, Paul, et autres que l'on donne aux *garçons* ou fils, et les noms de Émilie, Lucie, Pauline, Sophie, et autres que l'on donne aux filles, sont des *prénoms* ou *noms de baptême*, qui servent à distinguer les enfants d'une même famille, ainsi qu'il a été dit plus haut.

Mais, comme ces noms de baptême ou prénoms peuvent être ceux d'enfants de plusieurs familles, il importe que le nom du père ne soit pas oublié.

Le nom du père, comme *Duval*, par exemple, est le nom particulier, le *nom propre* de la famille, et c'est par ce nom seul que l'on sait qu'un enfant appartient à telle ou telle famille, s'il vient à s'égarer.

6.

Deux enfants égarés.

Un jour, par une belle soirée du mois de juin, j'allai faire une longue course dans Paris, et je montai dans une de ces grandes voitures qu'on appelle *omnibus*, et qui peuvent recevoir vingt-six voyageurs, sans compter le cocher et le conducteur. J'étais dans l'omnibus qui va de la place du Panthéon à la place de Courcelles.

Quand l'omnibus fut parvenu au boulevard Malesherbes, et un peu au delà de l'église Saint-Augustin, je vis monter dans cette voiture une mère qui fondait en larmes, et qui nous raconta le malheur qui venait de lui arriver.

Il était neuf heures du soir. Il y avait alors trois grandes heures que cette malheureuse mère courait le long du boulevard pour tâcher de découvrir deux enfants égarés, son petit garçon, âgé de quatre ans, et une petite fille du voisinage, à peu près du même âge.

De l'autre côté du boulevard, en face des maisons où demeuraient les deux enfants, on n'avait pas encore élevé de constructions. Les enfants étaient allés là pour jouer sur l'herbe et courir à leur aise.

Peu à peu ils s'étaient éloignés du point de départ, et avaient pénétré dans de nouveaux sentiers, derrière les maisons qui, plus loin, bordaient le boulevard.

Quand ils voulurent revenir, au lieu de reprendre la route qu'ils avaient d'abord suivie, ils entrèrent dans des rues inconnues, et bientôt ils perdirent toute trace.

Et, pendant ce temps-là, la pauvre mère, suivant le

grand boulevard, entrait dans chaque maison, à droite et à gauche, demandant ses enfants à grands cris. Personne ne les avait vus, et la nuit noire approchait.

Elle alla ainsi, de maison en maison, à une distance d'au moins deux kilomètres, jusqu'au boulevard de la Madeleine, interrogeant chacun pour avoir des nouvelles des petits enfants, qui pleuraient et gémissaient loin d'elle, demandant à hauts cris papa, maman, sans qu'on pût les reconnaître et les conduire chez eux.

— Comment t'appelles-tu, disait-on au petit garçon ? — Je m'appelle *Henri*.

— Et toi, ma petite ? — Je m'appelle *Adèle*.

— Et ton père ? — Moi, je l'appelle *papa*, et maman l'appelle *Eugène*.

Tous ces noms ne pouvaient servir à faire reconnaître les pauvres enfants, qui demandaient à chaudes larmes papa, maman, sans qu'il fût possible de savoir à quelle famille ils appartenaient.

Ils ne savaient ni le nom de leur père, ni celui du boulevard, ni le numéro de leur demeure.

Cependant la mère ne cessait de courir de côté et d'autre, se lamentait et n'en pouvait plus de chagrin et de fatigue.

Elle implorait en vain le secours des passants, qui l'écoutaient à peine et continuaient leur marche sans prendre aucun souci de ses plaintes.

Enfin, près de l'église de la Madeleine, une personne charitable, une autre mère, qui comprenait bien sa peine, lui conseilla de s'adresser aux sergents de ville, qui ne manquent jamais de donner les renseignements dont on a besoin, surtout à Paris, et qui, dans bien des circonstances, rendent des services dignes d'éloges aux habitants et aux étrangers.

Elle se rendit en effet au poste voisin des sergents de ville, et l'on vint aussitôt à son secours.

On lui promit d'envoyer des hommes à la recherche des enfants, d'en informer d'autres postes de sergents de ville, et de conduire les enfants chez elle dès qu'on les aurait trouvés.

C'est après cela que la pauvre mère, un peu soulagée par cette protection, songea à retourner à pied chez elle.

Mais, rendue un peu au delà de l'église Saint-Augustin, elle sentit ses forces l'abandonner : elle était épuisée de fatigue et surtout des émotions qui l'avaient si fortement agitée. N'en pouvant plus, elle monta dans l'omnibus où je me trouvais, et elle nous raconta le sujet de son chagrin, comme il vient d'être dit.

Les deux petits enfants furent enfin trouvés dans une rue écartée et amenés au poste des sergents de ville. Ces petits êtres trouvèrent bien étrange la demeure où ils venaient d'entrer, alors qu'ils croyaient revenir près de leurs mères.

Bien des larmes coulèrent encore. Les mots papa, maman, j'ai faim, j'ai soif, furent bien des fois répétés. Le chef du poste s'empressa de les faire conduire chez eux.

Lorsque je sortis de la maison où je m'étais rendu, et qui était dans le voisinage de la demeure des enfants, je m'informai de leur sort, et j'appris, avec grand plaisir, qu'ils avaient été ramenés chez eux à dix heures.

Figurez-vous la joie du père, de la mère et des enfants, de se trouver réunis après une aussi longue absence, après tant de larmes versées de part et d'autre! Que de baisers furent distribués! que de caresses furent échangées! quelles douces émotions après le danger!

Puis les enfants s'écrièrent : Maman, j'ai faim ; bonne mère, j'ai soif! et la mère leur donna à manger et à boire.

Bientôt on se calma, puis on se mit au lit. On s'endormit promptement ; le sommeil fut agité; mais le lendemain, toute crainte avait disparu.

Les enfants restèrent dans la suite près de leurs mères, et celles-ci ne manquèrent pas de leur dire et de leur faire répéter souvent le nom propre de la famille, le nom du papa.

Ce n'est pas là un conte, enfants, que je viens de vous dire : c'est une histoire véritable, et les faits dont je viens de vous entretenir se sont passés au mois de juin 1867.

Les ascendants de la famille.

On appelle *ascendants* de la famille les pères et les mères, les grands-pères et les grand'mères de ceux qui forment la famille actuelle.

Ainsi monsieur et madame Duval ont aussi chacun leur père et leur mère.

Alors on dit que le père de monsieur Duval est le

grand-père d'Émile et de Lucie. C'est le grand-père *paternel*, c'est-à-dire qui vient du côté du père.

Le père de madame Duval est aussi le grand-père d'Émile et de Lucie; mais c'est le grand-père *maternel*, parce qu'il vient du côté de la mère.

La mère de monsieur Duval est la *grand'mère* d'Émile et de Lucie. C'est la grand'mère *paternelle*, parce qu'elle vient du côté du père.

La mère de madame Duval est aussi la grand'mère d'Émile et de Lucie. C'est la grand'mère *maternelle*, parce qu'elle vient du côté de la mère.

Au lieu de grand-père, on dit aussi *aïeul;* et, au lieu de grand'mère, on peut dire *aïeule*.

Ainsi Émile et Lucie peuvent dire : Nous avons encore nos deux grands-pères ou nos deux aïeuls; nous avons nos deux grand'mères ou nos deux aïeules.

Les enfants disent encore *grand-papa* au lieu de *grand-père*, et *grand'maman* ou *bonne maman*, au lieu de *grand'mère*.

Mais, si monsieur et madame Duval ont aussi, chacun, leur grand-père et leur grand'mère, comment Émile et Lucie les appelleront-ils ?

Le grand-père de monsieur Duval est dit *bisaïeul* d'Émile et de Lucie.

Le mot *bis* veut dire *deux fois*. C'est comme si l'on disait deux fois aïeul.

Voilà pourquoi quelques enfants disent mon *grand-grand-père*, ou mon *grand-grand-papa*.

C'est le bisaïeul du côté paternel ou du père.

Le grand-père de madame Duval est aussi le *bisaïeul* d'Émile et de Lucie. C'est le bisaïeul maternel.

La grand'mère de madame Duval est la *bisaïeule* d'Émile et de Lucie, et il en est de même de la grand'-mère de madame Duval.

Ainsi Émile et Lucie peuvent dire : Nous avons nos deux bisaïeuls et nos deux bisaïeules.

Si l'on voulait remonter plus haut ; s'il s'agissait des bisaïeuls et des bisaïeules de monsieur et de madame Duval, on dirait qu'ils sont les *trisaïeuls*, les *trisaïeules* d'Émile et de Lucie.

Quand on remonte ainsi des enfants au père et à la mère, au grand-père ou aïeul, au bisaïeul, etc., cela s'appelle la *ligne ascendante* de la famille, et les personnes qui la composent sont dites les *ascendants*, comme nous venons de le voir.

Les descendants.

Quand on parle des ascendants et qu'on descend depuis eux jusqu'aux enfants, Émile et Lucie, par exemple, cela s'appelle la *ligne descendante*, et les personnes qui la composent sont les *descendants*.

Ainsi le bisaïeul et la bisaïeule descendent du *trisaïeul* et de la *trisaïeule*.

L'aïeul et l'aïeule descendent du *bisaïeul* et de la *bisaïeule*.

Le père et la mère descendent de l'*aïeul* et de l'*aïeule*.

Les enfants descendent du *père* et de la *mère*.

Monsieur et madame Duval disent, en parlant d'Émile et de Lucie : Mon fils, ma fille, mes enfants.

Le grand-père ou aïeul et la grand'mère ou aïeule disent : Mon petit-fils, ma petite-fille, mes petits-enfants.

Le bisaïeul et la bisaïeule disent : Mon arrière-petit-fils, mon arrière-petite-fille, mes arrière-petits-enfants.

Le mot *parent* veut dire *père*, *mère*.

Le père et la mère sont donc les parents du premier degré de la famille ; ils en sont la souche, le tronc.

Quand Émile et Lucie, étant sortis, reviennent dans leur demeure, on dit qu'ils entrent chez leurs *parents*, ou bien chez leur père et leur mère, ou bien dans leur *famille*.

Autres parents.

Une famille peut être attachée à une autre famille par ce qu'on appelle les liens du sang, c'est-à-dire, qu'elle descend de la même souche, du même tronc.

Supposons, par exemple, que M. Duval ait une *sœur*, et que madame Duval ait un *frère*. Il est certain que la *sœur* était fille du père et de la mère de M. Duval ; il est certain aussi que le *frère* était fils du père et de la mère de madame Duval.

Puisque ces deux personnes sont les parents de M. et de madame Duval, elles sont donc liées, à un certain degré, à Émile et à Lucie.

Voici les noms de ces nouveaux parents :

Le frère de madame Duval est dit l'*oncle* d'Émile et de Lucie.

Émile est le *neveu*, et Lucie est la *nièce* de ce frère de madame Duval.

La sœur de M. Duval est la *tante* d'Émile et de Lucie.

Émile est aussi le *neveu*, et Lucie la *nièce* de cette sœur de M. Duval.

Si l'oncle et la tante ont des enfants, les garçons sont les *cousins germains* d'Émile et de Lucie, et les filles sont leurs *cousines germaines*.

Vous apprendrez plus tard les autres degrés de *parenté*.

Les cris des animaux.

Le *cri* est le langage des animaux.

Ils se comprennent entre eux par la manière dont ils font entendre leurs cris.

On s'en aperçoit très bien en considérant une poule, par exemple, devant laquelle on jette des grains. Elle *glousse* avec force; et, à la manière dont elle fait entendre ses cris, on voit accourir ses poussins autour d'elle.

C'est sa manière d'appeler ses petits, soit pour leur faire partager sa nourriture, soit pour les préserver d'un danger.

En général, on dit que les animaux *crient*, et que les oiseaux *chantent*.

Voici les *cris* particuliers de certains animaux et de certains oiseaux :

L'abeille *bourdonne*.
L'aigle *trompette*.
L'alouette *grisolle*, *tirelire*.
L'âne *brait*.
L'âne sauvage *brame*.
La belette *belotte*.
Le bélier *blatère*.
Le bœuf *beugle*, *mugit*.
Le bourdon *bourdonne*.
Le bouc *mouette*.
La brebis *bêle*.
Le buffle *souffle*, *beugle*.
Le butor *bouffe*.
La caille *carcaille*, *margotte*.
Le canard *nasille*.
Le cerf *brame*.
Le chat *miaule*.
La chauve-souris *grince*.
Le cheval *hennit*.
Le chien *aboie*.
Le petit chien *glapit*, *jappe*.
La chouette *hue*.
La cigale *craquette*, *frissonne*.
La cigogne *claquette*, *craquette*.
Le cochon *grogne*.
La colombe *gémit*.

Le coq *coqueline*, *chante*.
Le corbeau *croasse*.
Le crapaud *coasse*.
Le crocodile *lamente*.
Le courlis *siffle*.
Le cygne *chante*.
Le dindon *glougloutte*, *glouglotte*.
L'éléphant *barète*, *barronne*.
L'épervier *glapit*, *piaille*.
L'étourneau *pisote*.
Le faon *râle*.
La fauvette *fredonne*.
Le geai *cajole*.
La grenouille *coasse*.
Le grillon *grésillonne*.
La grive *gringotte*.
La grue *craque*, *gruine*.
Le hanneton *bourdonne*.
Le hibou *hue*.
L'hirondelle *gazouille*.
La huppe *pupule*.
Le jars *jargonne*.
Le lapin *glapit*.
Le léopard *miaule*.
Le lièvre *vagit*.
La linotte *gazouille*.

7

Le lion *rugit*.
Le loriot *siffle*.
Le loup *hurle*.
Le merle *siffle*.
Le milan *huit*.
Le moineau *pépie*.
La mouche *bourdonne*.
Le mouton *bêle*.
L'oie *siffle*.
L'once *frémit*.
L'orfraie *hue*.
L'ours *grommelle*.
Le paon *braille, criaille*.
La perdrix *cacabe*.
Le perroquet *cause, jase*.
La pie *jacasse*.
Le pigeon *roucoule*.

Le pinson *frigotte*.
La poule *glousse*.
Le petit poulet *piaule*.
Le ramier *gémit*.
Le rat *ravit*.
Le renard *glapit*.
Le roitelet *gazouille*.
Le rossignol *gringotte*.
Le sanglier *nasille, grommelle*.
Le serpent *siffle*.
La souris *chicotte*.
Le taureau *mugit*.
Le tigre *rauque, rognonne*.
La tourterelle *gémit, roucoule*.
La truie *grogne*.
La vache *mugit*.
Le vautour *pulpe*.

Le langage ou la parole chez l'homme.

L'homme est le seul être qui ait un langage exprimé par la *parole*.

La *parole*, vous le comprenez bien, enfants, est le moyen par lequel une personne communique ses pensées à une autre.

Quand vous voulez avoir quelque chose de vos parents, par exemple, vous le demandez en faisant entendre votre voix avec des articulations qui produisent des mots, et ces mots expriment votre pensée, c'est-à-dire le désir d'obtenir les choses que ces mots indiquent.

Ces sons, ces mots, produits par la bouche, sont des *paroles*, ou le langage exprimé par la *parole*.

Le langage de l'homme peut cependant s'exprimer de trois manières.

Premièrement. On peut se faire comprendre par des *signes*. Ainsi, par exemple, pour faire venir un camarade près de lui, Paul tend le bras, puis ramène vivement la main vers sa tête; il répète ce mouvement, et le camarade arrive sans qu'il ait été prononcé une seule parole.

Pour faire taire un enfant trop bavard, on le regarde fixement en mettant l'index en travers sur les lèvres, et ce signe veut dire : *tais-toi ; fais silence*.

Les malheureux enfants sourds-muets, qui n'entendent ni ne parlent, n'ont pas d'autre ressource que celle des signes pour se faire comprendre les uns des autres, et des personnes qui les entourent; et ils ont pour cela une multitude de signes appropriés à tous leurs besoins.

Vous verrez plus tard qu'à l'aide même de ces signes, on leur fait apprendre la lecture, l'écriture, le calcul, le dessin, etc., et divers travaux manuels dont ils finissent par comprendre l'utilité pour eux-mêmes.

Le sourire, le rire est une sorte de langage qui exprime la joie, le plaisir, le contentement.

Un certain regard est aussi l'expression d'une pensée.

La danse est encore un langage muet, une attitude qui fait comprendre le plaisir qu'on éprouve.

C'est là ce qu'on appelle le *langage des signes*.

Secondement. Ensuite vient le langage par la *parole*. C'est celui qui distingue l'homme des animaux.

La *parole* a pour instruments ou organes : la *langue*, les *lèvres*, les *dents*, le *palais*, le *gosier* et le *nez*.

Par ce don de la parole, les hommes se parlent les uns aux autres ; ils font la conversation ; ils se communiquent leurs pensées, leurs réflexions, leurs affaires, et ils peuvent ainsi s'interroger, se donner des conseils, se secourir, en un mot, s'exprimer tous leurs sentiments par leurs demandes et par leurs réponses.

A tout moment, vous le savez bien, chacun de nous a besoin de parler, de dire quelque chose, et les paroles que nous faisons entendre sont l'expression de nos pensées.

Troisièmement. Enfin, sans le secours des signes, sans celui de la parole, l'homme a un troisième moyen de se faire comprendre, et ce moyen est prodigieux : c'est celui de l'*écriture*.

Quand votre camarade est éloigné de vous de quelques pas seulement, vous lui parlez d'une voix plus forte ; il vous entend, et il vous répond tout aussitôt.

Mais si ce camarade était bien loin, bien loin de vous; s'il habitait dans un autre endroit que vous, votre voix ne pourrait aller jusqu'à lui, et vous ne pourriez lui parler.

Comment faire pour vaincre cette difficulté ?

Les hommes bien instruits, les savants y sont parvenus par la merveilleuse découverte de l'*écriture*.

Par l'*écriture*, le langage est peint, mis en relief ; la parole est rendue sensible aux yeux, au lieu de l'être seulement aux oreilles.

Quand Sophie dit à sa mère : *Maman, je t'aime de tout mon cœur*, la mère entend ce langage parlé, et elle embrasse sa fille pour répondre à sa tendresse ; mais elle ne *voit* pas ces paroles ; elle les *entend* seulement, tandis que nous, nous les *voyons* ces paroles, ici même : *Maman, je t'aime de tout mon cœur*.

Ces paroles sont peintes, sont écrites et visibles.

Si nous ne savions pas lire, nous ne saurions pas ce que cela veut dire. Heureusement nous savons lire, et, sans ouvrir la bouche pour prononcer ces paroles écrites, nous pouvons, à l'aide de nos yeux seulement, les comprendre et nous en rendre compte.

Ces paroles écrites sont appelées des *mots*.

Maintenant, réfléchissons bien. Nous reconnaissons facilement que, si la mère de Sophie s'était éloignée de la famille pour faire un voyage ; si elle était allée à Bordeaux, par exemple, Sophie, qui sait lire et écrire, peut adresser une bonne petite lettre à sa mère pour lui exprimer le regret de la savoir aussi éloignée d'elle, et terminer sa lettre par ces mots : *Bonne mère, je t'embrasse et je t'aime de tout mon cœur*.

Et la mère se trouve bien heureuse de recevoir, par la poste, des nouvelles de sa chère fille ou de son cher fils ; de pouvoir lire et comprendre les paroles écrites de Sophie, et d'éprouver, en voyant ces mots, le même plaisir qu'elle aurait eu à les entendre de la bouche de sa fille ou de son fils.

Vous voyez, enfants, quel avantage, quel plaisir, quel bonheur on trouve à savoir *lire* et *écrire*, et combien vous devez être reconnaissants de la peine qu'on se donne pour vous faire apprendre l'un et l'autre.

Après la découverte de l'écriture, les savants ont fait encore quelque chose d'aussi merveilleux : ils ont inventé l'*imprimerie*, et, avec l'imprimerie, dont nous parlerons plus tard, ils ont composé des livres, comme celui-ci, par exemple, qui vous sert d'exercices de lecture.

Si l'on était obligé d'écrire seulement trois cents fois, quatre cents fois, cinq cents fois tous les mots de ce livre, qui est cependant bien petit, il faudrait un très long temps; il faudrait plusieurs années à une seule personne.

A l'aide de l'*imprimerie*, au contraire, on peut faire des milliers de volumes comme celui-ci en quelques jours; et, si ces milliers de volumes sont envoyés dans les villes, dans les bourgs et dans les villages, il y aura des milliers d'enfants qui pourront s'en servir tout de suite pour apprendre à lire et à connaître ce que vous venez de lire vous-mêmes.

C'est ainsi que les hommes, en travaillant, en s'instruisant, en perfectionnant leur raison, sont parvenus à produire tout ce qui peut contribuer à leur bien-être et à celui de leurs semblables.

Tâchez de comprendre tout cela, enfants; appliquez-vous à en apprécier les avantages, et un jour, à votre tour, vous serez des personnes utiles à vous-mêmes et aux autres.

Après ce volume, on peut mettre avec avantage, entre les mains des enfants, nos *Premières lectures de manuscrits*, composées, en *diverses sortes d'écritures*, de *petites histoires, anecdotes et lettres familières*, à leur portée.

TABLE DE MULTIPLICATION.

(Il faut l'apprendre par cœur et la réciter sans fautes.)

2 fois	1	font..	2	5 fois	1	font..	5	8 fois	1	font...	8
2	2		4	5	2		10	8	2		16
2	3		6	5	3		15	8	3		24
2	4		8	5	4		20	8	4		32
2	5		10	5	5		25	8	5		40
2	6		12	5	6		30	8	6		48
2	7		14	5	7		35	8	7		56
2	8		16	5	8		40	8	8		64
2	9		18	5	9		45	8	9		72
2	10		20	5	10		50	8	10		80
3 fois	1	font..	3	6 fois	1	font..	6	9 fois	1	font...	9
3	2		6	6	2		12	9	2		18
3	3		9	6	3		18	9	3		27
3	4		12	6	4		24	9	4		36
3	5		15	6	5		30	9	5		45
3	6		18	6	6		36	9	6		54
3	7		21	6	7		42	9	7		63
3	8		24	6	8		48	9	8		72
3	9		27	6	9		54	9	9		81
3	10		30	6	10		60	9	10		90
4 fois	1	font..	4	7 fois	1	font.	7	10 fois	1	font..	10
4	2		8	7	2		14	10	2		20
4	3		12	7	3		21	10	3		30
4	4		16	7	4		28	10	4		40
4	5		20	7	5		35	10	5		50
4	6		24	7	6		42	10	6		60
4	7		28	7	7		49	10	7		70
4	8		32	7	8		56	10	8		80
4	9		36	7	9		63	10	9		90
4	10		40	7	10		70	10	10		100

Exercices sur la table de multiplication.

(Quand l'élève commence à bien savoir sa *Table de multiplication*, il doit prendre l'habitude de répondre vivement à chaque question, et il ne doit pas répéter la question.)

Combien font 2 fois 3 ? *Réponse,* 6 — 3 fois 2 ? — 6 2 fois 3 ou 3 fois 2, c'est donc la même chose ? — Oui. — Et pourquoi ? — Parce que dans 6 il y a trois fois le nombre 2, comme il y a deux fois le nombre 3. — C'est vrai.

TABLE DE MULTIPLICATION.

Combien font 2 fois 6 ? — 12
— 6 fois 2 ? — 12

Est-ce encore la même chose ? — Oui certainement. Dans 12 il y a tout aussi bien 6 fois 2 que 2 fois 6.

Combien font 3 fois 5 ? — 15
— 5 3 ? — 15
— 3 4 ? — 12
— 2 8 ? — 16
— 2 10 ? — 20
— 10 2 ? — 20
— 3 1 ? — 3
— 3 7 ? — 21
— 3 6 ? — 18
— 3 8 ? — 24
— 3 9 ? — 27
— 3 3 ? — 9
— 3 10 ? — 30
— 2 7 ? — 14
— 2 2 ? — 4
— 2 9 ? — 18
— 2 5 ? — 10
— 2 1 ? — 2
— 4 1 ? — 4
— 4 10 ? — 40
— 5 10 ? — 50
— 6 10 ? — 60
— 7 10 ? — 70
— 8 10 ? — 80
— 9 10 ? — 90
— 10 10 ? — 100

Remarquez qu'il suffit d'ajouter un zéro aux premiers chiffres que l'on cite pour leur faire marquer des nombres 10 fois plus grands. Ainsi, pour savoir tout de suite combien font 5 fois 10, je retiens le nombre 5 dans ma mémoire ; je le fais suivre d'un zéro, dans ma pensée, et j'obtiens 50 (cinquante).

Combien font 4 fois 2 ? — 8
— 4 5 ? — 20
— 4 7 ? — 28
— 4 3 ? — 12
— 4 6 ? — 24
— 4 4 ? — 16
— 4 9 ? — 36
— 4 8 ? — 32
— 5 1 ? — 5
— 5 2 ? — 10

Combien font 5 fois 3 ? — 15
— 5 4 ? — 20

Quand j'ai dit que 5 fois 1 font 5, et qu'ensuite je dis que 5 fois 2 font 10, je remarque ceci que, continuant ainsi à dire 5 fois 3, 5 fois 4, 5 fois 5, etc., le nombre que j'obtiens est toujours plus fort de 5 que le nombre précédent ; c'est qu'en effet, 5 fois 2, par exemple, est une fois 5 plus fort que 5 fois 1 ; de même, 5 fois 3 qui font 15 donnent une fois 5 de plus que 5 fois 2, et ainsi de suite.

Combien font 6 fois 2 ? — 12
— 6 8 ? — 48
— 6 5 ? — 30
— 7 2 ? — 14
— 6 9 ? — 54
— 9 9 ? — 81
— 9 5 ? — 45
— 6 3 ? — 18
— 8 4 ? — 32
— 4 8 ? — 32
— 6 6 ? — 36
— 7 7 ? — 49
— 8 8 ? — 64
— 9 3 ? — 27
— 10 8 ? — 80
— 8 10 ? — 80
— 7 6 ? — 42
— 3 9 ? — 27
— 5 7 ? — 35
— 5 6 ? — 30
— 6 4 ? — 24
— 8 2 ? — 16
— 4 4 ? — 16
— 2 8 ? — 16
— 8 9 ? — 72
— 9 6 ? — 54
— 9 10 ? — 90
— 8 6 ? — 48
— 7 8 ? — 56
— 7 1 ? — 7
— 10 4 ? — 40
— 4 10 ? — 40
— 5 8 ? — 40
— 10 2 ? — 20
— 5 4 ? — 20
— 2 10 ? — 20
— 4 5 ? — 20

On peut aussi s'exercer à réciter cette *table* en partant de la fin pour remonter au commencement : 10 fois 10, 10 fois 9, 10 fois 8, 10 fois 7, etc.

CORBEIL, typ. et stér. de CRÉTE FILS.

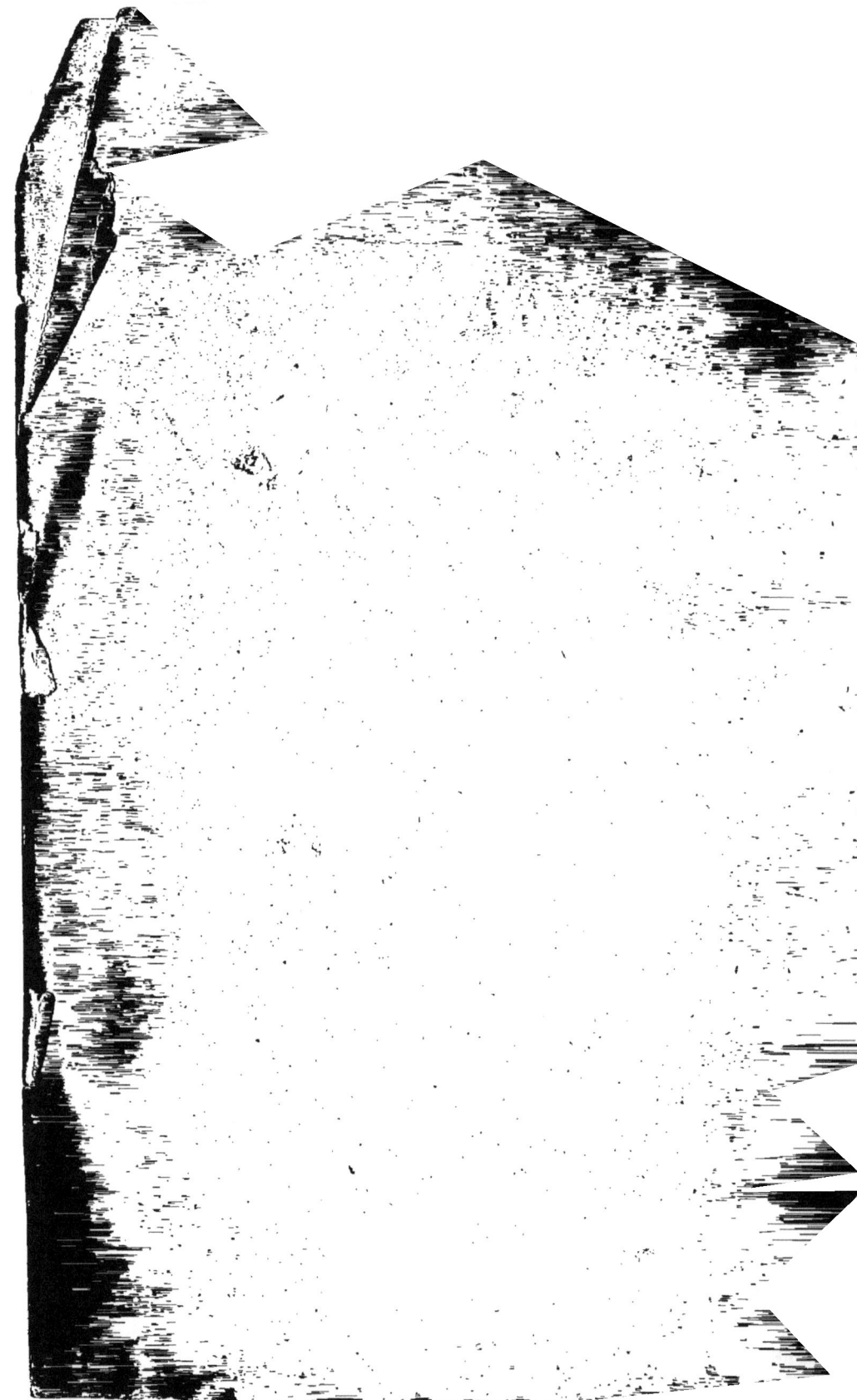

www.ingramcontent.com/pod-product-compliance
Lightning Source LLC
Chambersburg PA
CBHW070519100426
42743CB00010B/1876